FTD digital

CB050841

Olá, aluno!

Este livro que está em suas mãos permite acessar **conteúdo multimídia** que irá tornar o seu aprendizado muito mais **dinâmico** e **profundo**. Basta utilizar o seu *código exclusivo*, impresso nesta página.

Se você já é usuário do **FTD Digital**, acesse-o usando seu **login** e sua **senha**. Então, clique em **cadastrar livro** e siga as instruções de como utilizar seu *código exclusivo*. Se você **ainda não é usuário** do **FTD Digital**, siga os passos abaixo antes de registrar seu *código exclusivo* e bons estudos.

Passo a passo:

1. Acesse: www.ftd.com.br e clique em **FTD Digital**.
2. Clique em **criar cadastro** e preencha com seus dados.
3. Em seguida, você receberá um **e-mail para ativação**. Clique no link e conclua seu cadastro.
4. Agora que você tem acesso ao ambiente **FTD Digital**, siga as orientações para o registro do seu *código exclusivo*.

Seu código exclusivo:

1133.7544.4A9M.WLY5.6R9

Perfil Aluno

Você terá acesso a **vídeos**, **animações**, **simuladores**, **jogos**, **infográficos**, **educlipes** e **textos** para facilitar a compreensão dos temas de seus estudos. Além disso, você poderá buscar **indicações de leitura** complementar, **fazer simulados** e **obter ajuda** para suas pesquisas na web com o **Acervo de links**.

Experimente e entre para o mundo do **FTD Digital**.

www.ftd.com.br

Geografia

PORTA Aberta

EDIÇÃO RENOVADA

Mirna Lima

Licenciada em História e Mestre em História Social pela Universidade de São Paulo. Professora do Ensino Fundamental nas redes pública e privada do estado de São Paulo. Professora de Teoria e Prática de Ensino de História e Geografia de universidades privadas do estado de São Paulo.

4

FTD
1ª edição
São Paulo – 2014

FTD

Coleção Porta Aberta – Edição renovada – 4º ano – Geografia

Copyright © Mirna Lima, 2014

Diretor editorial
Lauri Cericato

Gerente editorial
Rosa Maria Mangueira

Editora
Débora Lima

Editores assistentes
Bianca Balisa
Gisele Rodrigues Cunha
Luiza Sato
Wellington Santos

Assistentes de produção
Ana Paula Iazzetto
Lilia Pires

Assistentes editoriais
Claudia Casseb Sandoval
Sílvia Elena Pedroso de Souza
Vanessa Oliveira Gomes Macedo

Gerente de produção editorial
Mariana Milani

Coordenador de produção
Caio Leandro Rios

Coordenadora de preparação e revisão
Lilian Semenichin

Supervisora de preparação e revisão
Sandra Lia Farah

Preparadores
Claudia Anazawa
Fernanda Rodrigues
Lucila V. Segóvia
Marta Lúcia Tasso
Pedro Baraldi
Sônia R. Cervantes

Revisores
Carolina Manley
Célia Regina N. Camargo
Fernando Cardoso
Rita Lopes
Sirlei S. Panochia
Solange Pereira

Coordenador de arte
Eduardo Evangelista Rodrigues

Projeto gráfico
Luís Vassalo

Adaptações de projeto
Fabiano dos Santos Mariano

Capa
Luís Vassalo

Editor de arte
Fabiano dos Santos Mariano

Diagramadores
Valmir da Silva Santos
Select Editoração

Tratamento de imagens
Ana Isabela Pithan Maraschin
Eziquiel Racheti

Ilustrações que acompanham o projeto
Alberto Llinares

Ilustrações das vinhetas
Ilustra Cartoon

Ilustrações
Danillo Souza
João Peterson Mazzoco
Paulo Nilson

Iconografia
Supervisão
Célia Maria Rosa de Oliveira

Pesquisadoras
Rosely Ladeira
Thaisi Albarracin Lima

Diretor de operações e produção gráfica
Reginaldo Soares Damasceno

Dados Internacionais de Catalogação na Publicação (CIP)
(Câmara Brasileira do Livro, SP, Brasil)

```
Lima, Mirna
   Porta aberta : geografia, 4º ano /
Mirna Lima. -- 1. ed. -- São Paulo : FTD,
2014.

   "Edição renovada"
   ISBN 978-85-322-9805-8 (aluno)
   ISBN 978-85-322-9806-5 (professor)
   ISBN 978-85-20-00134-9 (orientações e sugestões
                           didáticas)


   1. Geografia (Ensino fundamental) I. Título.
```

14-05604   CDD-372.891

Índices para catálogo sistemático:

1. Geografia : Ensino fundamental   372.891

Reprodução proibida: Art. 184 do Código Penal e
Lei 9.610 de 19 de fevereiro de 1998.
Todos os direitos reservados.

EDITORA FTD S.A.
Rua Rui Barbosa, 156 – Bela Vista – São Paulo – SP
CEP 01326-010 – Tel: (0-XX-11) 3598-6000
Caixa Postal 65149 – CEP da Caixa Postal 01390-970
www.ftd.com.br – E-mail: ensino.fundamental1@ftd.com.br

Apresentação

As paisagens contidas nos limites políticos e administrativos de uma cidade, de um estado ou de um país permitem que identifiquemos o território não somente como uma unidade política, mas como um espaço construído pelo povo que o habita.

Pensando nisso, convidamos você a conhecer um pouco mais as paisagens brasileiras, aprender mais acerca das transformações pelas quais passou o Brasil durante sua história e estudar aspectos populacionais, econômicos, políticos, culturais e naturais de nosso país.

Aceite esse convite! Estudar Geografia nos ajuda a entender o espaço, o país e o mundo, e a saber como contribuir para transformá-los em lugares melhores para todos vivermos!

A autora

Conheça o seu livro

VAMOS CONHECER O SEU LIVRO?

O seu livro de Geografia está organizado em nove unidades. Em cada unidade, você vai encontrar:

Abertura de unidade

Páginas bem coloridas e atraentes que dão início a cada unidade. Uma abertura é diferente da outra. Para descobrir como são as outras, espie lá dentro do livro!

Dica: observe bem as imagens de abertura, pois elas dão pistas sobre o que você vai estudar na unidade.

Estas questões perguntam sobre coisas que você já sabe e que acabou de aprender ao observar a imagem de abertura.

Capítulos

As unidades se dividem em capítulos, que tratam de temas diversos, mas sempre relacionados com o tema da unidade.

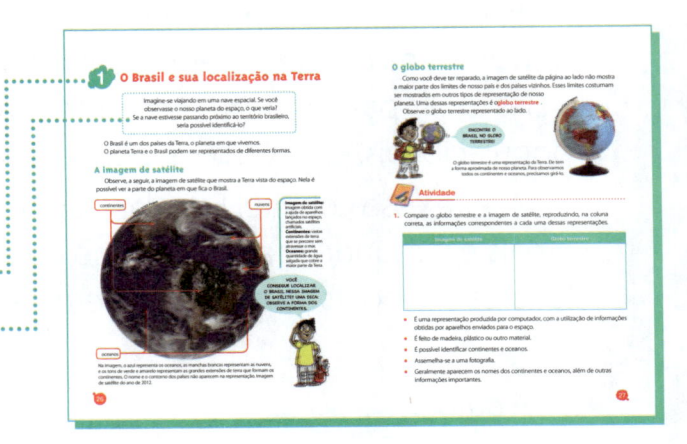

Este é o título do capítulo.

Estas são as questões de abertura do capítulo. Com elas, o professor vai conhecer o que você já sabe sobre o tema e o que você pensa sobre alguns assuntos.

Atividade final

Você vai terminar o estudo de cada unidade com páginas bem coloridas e atraentes. O fechamento da unidade é o momento de fazer um balanço do que foi visto, descoberto e realizado. É o momento também de avaliar o que você sabia e o que sabe agora. Tudo isso de maneira alegre, compartilhando com os colegas e o professor!

Seções

Atividades

Nesta seção, você vai encontrar atividades orais e escritas, que podem ser individuais, em dupla ou em grupo. As atividades são diversificadas e criativas, para você aprender e se divertir muito com elas!

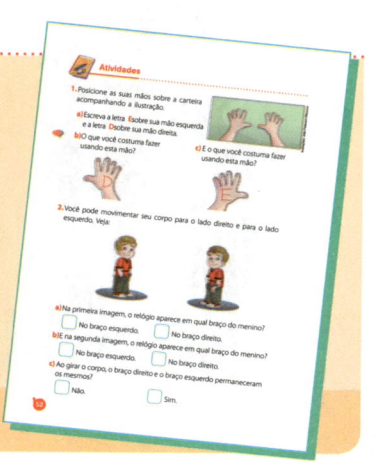

Oficina

Nesta seção, você vai confeccionar produtos muito bacanas. Eles podem ser expostos para os outros alunos e também ser guardados como lembrança do seu 4º ano. É só ter criatividade e capricho!

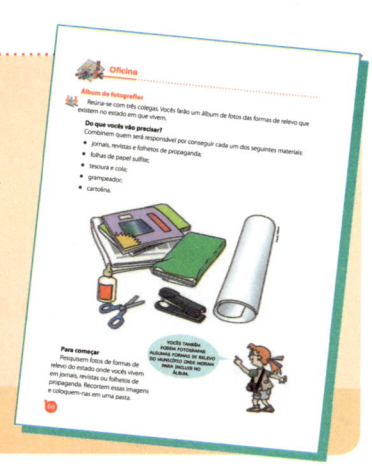

Trabalhar com

Esta seção, como o próprio nome já diz, trabalha com noções muito importantes da Geografia que te preparam para a leitura e construção de mapas.

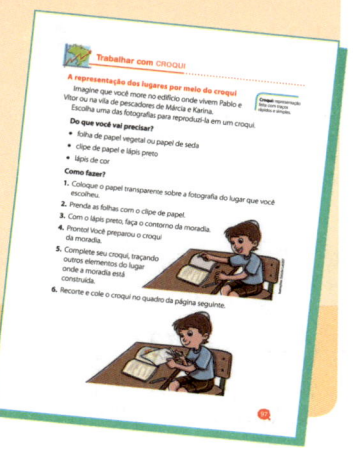

Fique sabendo

Nesta seção você vai encontrar textos que complementam os temas do capítulo e despertam seu interesse e sua curiosidade para conhecer ainda mais!

Ler para

Esta seção apresenta textos informativos ou para reflexão, que ensinam coisas. Com eles, você vai viajar pelo fantástico mundo das diversas leituras.

Qual é a sua opinião?

Esta seção apresenta questões que levam você a pensar e a dar sua opinião sobre diversos assuntos que se relacionam com o capítulo ou com a unidade. Com essas questões, você vai desenvolver a capacidades de refletir e de argumentar. Você sabe o que isso significa?

Para se divertir

Eba, hora da diversão! Nesta seção, a proposta é se divertir! Pode ser brincando na sala de aula ou no pátio, usando todo o corpo, os pés e as mãos ou somente a voz!

Que tal?

Nesta seção, você encontra sugestões bacanas de livros, *sites*, músicas e filmes! Com elas, é possível aprender se divertindo ou divertir-se aprendendo!

FIQUE ATENTO A ESSES DESENHOS QUE APARECEM EM ALGUMAS ATIVIDADES!

- Atividade oral
- Atividade em dupla
- Atividade em grupo

Sumário

UNIDADE 1 – O BRASIL, NOSSO PAÍS 8

1 O Brasil e suas diversidades 10

2 O Brasil e seu território 16

UNIDADE 2 – NOSSO ENDEREÇO NA TERRA 24

1 O Brasil e sua localização na Terra 26

2 O Brasil no continente americano 38

UNIDADE 3 – O BRASIL E SEU POVO 42

1 Quantos são e onde vivem os brasileiros 44

2 As origens da população brasileira 50

UNIDADE 4 – O RELEVO BRASILEIRO 62

1 As formas do relevo do Brasil 64

2 As transformações do relevo 70

UNIDADE 5 – AS ÁGUAS DO TERRITÓRIO BRASILEIRO 80

1 A água na paisagem brasileira 82

2 Construções para o aproveitamento da água 92

UNIDADE 6 – O TEMPO ATMOSFÉRICO E O CLIMA 102

1 As mudanças no tempo e nas paisagens 104
2 Os climas do Brasil 114

UNIDADE 7 – PLANTAS E ANIMAIS DO BRASIL 122

1 A flora e a fauna 124
2 É preciso preservar a fauna e a flora 136

UNIDADE 8 – AS ATIVIDADES ECONÔMICAS NO BRASIL 144

1 As atividades econômicas 146
2 A relação entre as atividades econômicas 156

UNIDADE 9 – A DIVERSIDADE CULTURAL BRASILEIRA 160

1 Características culturais do Brasil 162
2 A cultura brasileira na vida das crianças 169

Referências bibliográficas 176

Unidade 1
O BRASIL, NOSSO PAÍS

1. Observe a imagem com atenção. Você consegue identificar o que as crianças estão representando?
2. Se alguém lhe perguntasse: "Você é brasileiro?", você responderia que sim ou que não?
3. Caso seja preciso explicar para alguém em que lugar do Brasil você mora, como você faria isso?

Nesta unidade, vamos estudar:

- as diversidades de nosso país;
- a organização política do Brasil em um mapa;
- os recursos utilizados em mapas.

1 O Brasil e suas diversidades

> Que imagens vêm à sua mente quando você pensa no Brasil? Você imagina as pessoas, as plantas, os animais e as paisagens todos iguais ou apresentando diferenças?

Observe as fotografias a seguir. Elas fazem referência ao nosso país.

Indígenas disputando cabo de guerra durante os XII Jogos dos Povos Indígenas em Cuiabá, Mato Grosso, no ano de 2013.

Torcida da seleção brasileira durante jogo na Copa das Confederações, em Salvador, Bahia, no ano de 2013.

Vista aérea do centro da maior cidade do Brasil, a cidade de São Paulo, São Paulo, no ano de 2013.

Vista aérea da cidade histórica de Ouro Preto, Minas Gerais, no ano de 2010.

Pessoas entrando no trem em estação de metrô na cidade do Rio de Janeiro, Rio de Janeiro, no ano de 2011.

Alunos indo para a escola em lancha escolar, um dos meios de transporte usados no município de Porto Velho, Rondônia, no ano de 2009.

Mata Atlântica vista do seu interior em Porto Seguro, Bahia, no ano de 2012.

Paisagem de caatinga no município de Buíque, Pernambuco, no ano de 2012.

Apresentação de Bumba meu boi em festa tradicional em São Luís, Maranhão, no ano de 2013.

Apresentação em tradicional desfile Farroupilha em Porto Alegre, Rio Grande do Sul, no ano de 2013.

QUAIS ELEMENTOS CHAMARAM A SUA ATENÇÃO? PARA VOCÊ, QUAL DAS FOTOGRAFIAS REPRESENTA MELHOR O BRASIL? POR QUÊ?

Atividades

1. De acordo com as fotografias que você viu, podemos considerar o Brasil como um país de diversidades?

_____

_____

2. A diversidade brasileira também está em seu povo.

Os alunos da sua sala de aula apresentam diferenças nos costumes e até mesmo nas características físicas. Isso mostra uma grande riqueza cultural.

Pensando nisso, marque a alternativa que considerar correta.

a) ☐ Os brasileiros não apresentam diversidade, eles possuem características iguais.

b) ☐ O povo brasileiro mostra uma grande diversidade e riqueza cultural.

c) ☐ Nas escolas do Brasil todos os alunos são iguais.

d) ☐ As paisagens do Brasil mostram diversidade, mas sua população não.

3. Preencha os espaços com as palavras do quadro.

| Brasil | cultural | características | costumes | diferenças | iguais |

O _____ é um país que apresenta muitas _____. Além das plantas, animais e paisagens diferentes, as pessoas também não são _____ umas às outras. Temos _____ físicas e _____ diversos. Isso tudo faz do Brasil um país de grande riqueza _____.

Que tal ouvir?

Canções do Brasil (CD), de Palavra Cantada, 2001.

Este CD reúne 27 canções dos diferentes estados do Brasil, retratando a valiosa diversidade cultural e a alegria de todos os brasileiros.

Qual é a sua opinião?

Ser brasileiro

O que significa ser brasileiro?
Estas crianças responderam deste modo:

SER BRASILEIRA É SENTIR ORGULHO DE VER O BRASIL GANHAR NO ESPORTE.

SER BRASILEIRO É QUERER QUE TODO O POVO TENHA DIREITO A UMA VIDA MELHOR.

SER BRASILEIRO É PODER VIVER EM UM PAÍS SEM TERREMOTOS E SEM GUERRAS.

SER BRASILEIRA É VIVER NO PAÍS ONDE VIVERAM MEUS BISAVÓS, AVÓS E PAIS, SEGUINDO NOSSOS COSTUMES E TRADIÇÕES.

Ricardo Dantas

- E para você, o que é ser brasileiro? Dê também a sua opinião.

Fique sabendo

Brasil e seus modos de falar

Você sabia que o modo de falar do brasileiro também indica uma característica da diversidade do nosso povo?

Cada lugar do Brasil tem palavras e expressões únicas e isso enriquece a nossa cultura. Veja a seguir.

ESTOU APERREADO!
NÃO MANGUE COMIGO!

Aperreado
É o mesmo que estar angustiado, estressado.

Mangue
De mangar, zombar de alguém.

Se você morar em uma cidade do estado da Bahia, do Ceará, da Paraíba, possivelmente vai usar essas expressões em seu dia a dia.

VOCÊ QUER SER O BICHO CACAU!

Ser o bicho cacau
Quer dizer ser melhor do que todos.

Se você morar em uma cidade do estado do Maranhão, possivelmente vai usar essa expressão em seu dia a dia.

QUE BOLOLÔ!

Bololô
Confusão.

Se você viver em uma cidade do estado de Minas Gerais, possivelmente vai usar essa expressão em seu dia a dia.

Atividades

1. Leia as alternativas e assinale no caderno a afirmativa correta.

a) ☐ Os brasileiros falam línguas diferentes em cada estado do Brasil. Por isso as pessoas de um estado não entendem aquilo que as pessoas de outros estados falam.

b) ☐ Há diversidade no modo de falar dos brasileiros. Mesmo assim, as pessoas podem entender umas às outras.

2. Sobre o modo de falar do lugar onde você mora, responda.

a) Existem palavras ou expressões que são próprias do lugar em que você mora?
_____
_____

b) Escreva o que essas expressões significam.
_____
_____

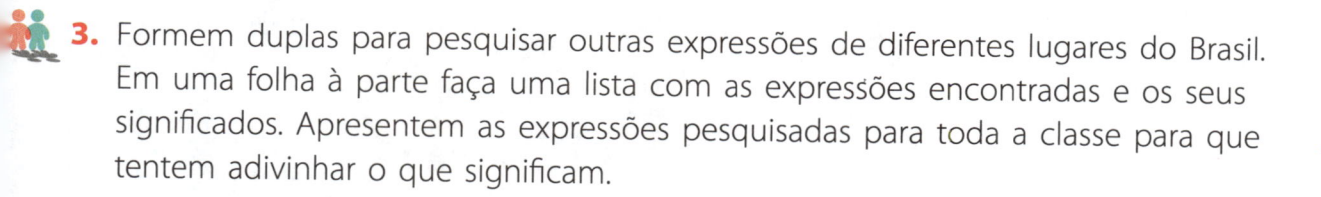

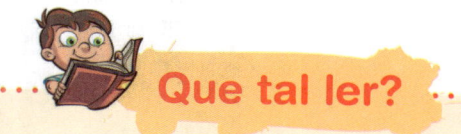

3. Formem duplas para pesquisar outras expressões de diferentes lugares do Brasil. Em uma folha à parte faça uma lista com as expressões encontradas e os seus significados. Apresentem as expressões pesquisadas para toda a classe para que tentem adivinhar o que significam.

Que tal ler?

Desenrolando a Língua – Origens e histórias da língua portuguesa falada no Brasil, de Anna Ly. São Paulo: Autêntica Editora, 2011.

Com poemas, sons e canções você conhecerá a origem de algumas palavras e expressões da língua falada no Brasil.

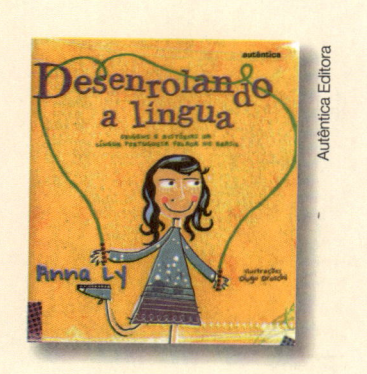

2 O Brasil e seu território

Em que parte do território brasileiro você vive?

O Brasil é o país onde vivemos.

O Brasil, assim como os outros países, possui um território.

O território brasileiro, para ser administrado, foi dividido em 26 estados e um Distrito Federal, onde está localizada a capital do Brasil.

Observe o território brasileiro e seus limites no mapa a seguir.

> **Distrito Federal:** unidade da federação onde se encontra a sede administrativa do governo do país.

O território brasileiro

Fonte: **ATLAS geográfico escolar**. 6. ed. Rio de Janeiro: IBGE, 2012.

Atividades

1. O que o mapa representa? _____

2. Quais estados brasileiros se limitam com o estado onde você mora?
_____

3. Observe as siglas e preencha com o nome dos estados brasileiros.

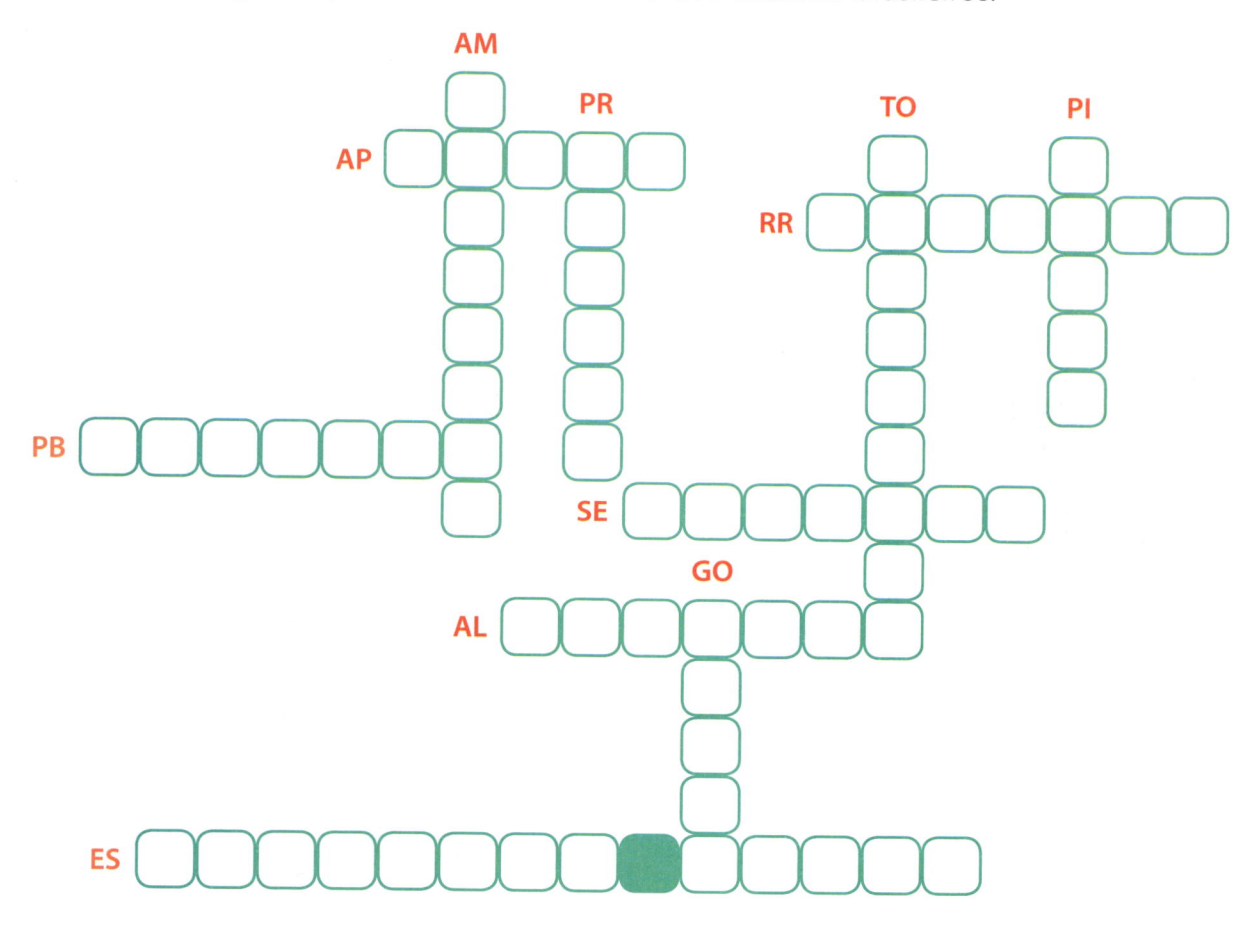

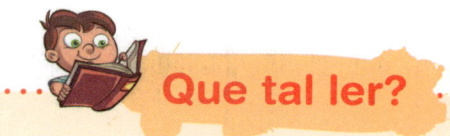

AM
PR
TO
PI
AP
RR
PB
SE
GO
AL
ES

Que tal ler?

Viagens aventurosas de Stilton pelo Brasil, de Geronimo Stilton. São Paulo: Planeta Infantil, 2013.
   Conheça a viagem inacreditável de Stilton pelo Rio de Janeiro, Cataratas do Iguaçu, Brasília e Mato Grosso.

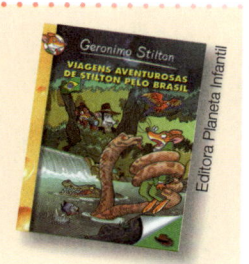

17

Trabalhar com MAPA

O mapa é uma representação

Para se construir um mapa, é preciso utilizar alguns recursos.

Observe o mapa da divisão política do Brasil. Veja quantas informações importantes ele nos oferece.

OBSERVE O MAPA E OS QUADROS INFORMATIVOS COM MUITA ATENÇÃO. NESSES QUADROS CONSTAM ELEMENTOS INDISPENSÁVEIS AO MAPA.

A **rosa dos ventos** representa os pontos cardeais: Norte (N), Sul (S), Leste (L) e Oeste (O). Ela é usada para orientar a localização de elementos da realidade que foram representados no mapa.

A **escala** indica a relação entre a medida real e aquela usada para a representação do espaço no mapa.
Se você medir com uma régua o intervalo entre 0 e 310 na escala abaixo, vai ver que ele tem 1 centímetro. Isso significa que 1 centímetro no mapa corresponde a 310 quilômetros da realidade.

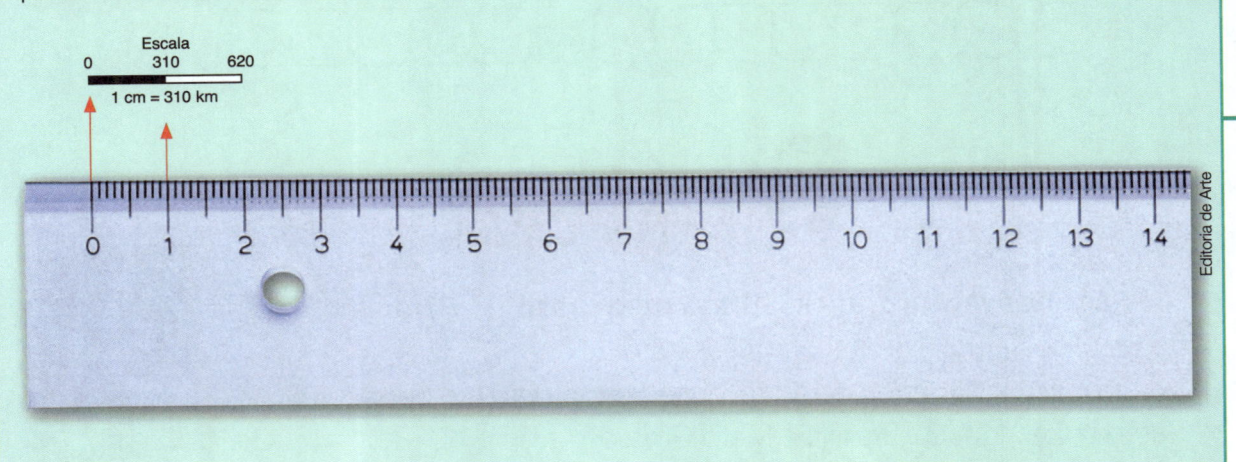

Escala
0   310   620
1 cm = 310 km

O **título** é o nome dado ao mapa. Ele indica quais informações foram representadas.

Para representar elementos que existem na realidade são usados **cores** e **símbolos** (sinais, linhas etc.).

Brasil: divisão política

Legenda:
- ⊙ Capital de estado
- ■ Capital do Brasil
- Limite de estado
- Limite do território brasileiro

Fonte: **ATLAS geográfico escolar**. 6. ed. Rio de Janeiro: IBGE, 2012.

A **fonte** informa a origem dos dados apresentados e, algumas vezes, a data a que se referem.

A **legenda** informa o que representam os símbolos utilizados.

19

1. Responda às questões com base no mapa **Brasil: divisão política**, da página anterior.

a) Qual é o título do mapa?

_____

b) O que representa o símbolo ⦿ no mapa? Como você descobriu isso?

_____

_____

c) Com a régua, meça no mapa a distância entre a capital do estado onde você mora e Brasília. Quantos centímetros a régua registra?

_____

d) Agora, com a ajuda da escala, calcule a distância aproximada, em quilômetros, entre a capital de seu estado e Brasília.

_____

e) Com base na rosa dos ventos, dê a localização dos estados abaixo usando o Distrito Federal como referência.

- Tocantins _____

- Bahia _____

- Paraná _____

- Mato Grosso _____

f) Onde foram obtidas as informações que constam no mapa?

_____

_____

_____

2. Observe os mapas a seguir e responda às questões.

1 Estado do Tocantins

Fonte: **ATLAS geográfico escolar**. 6. ed. Rio de Janeiro: IBGE, 2012.

2 Brasil: divisão política

Fonte: **ATLAS geográfico escolar**. 6. ed. Rio de Janeiro: IBGE, 2012.

a) O **mapa 1** reproduz no papel o tamanho real do estado do Tocantins?
_____

b) Qual dos mapas representa um espaço maior da realidade?
_____

c) Qual dos mapas representa um espaço menor da realidade?
_____

d) O que a escala do **mapa 1** indica?
_____

e) O que a escala do **mapa 2** indica?
_____

3. Imagine que você vai elaborar uma legenda para um mapa representando as informações abaixo. Faça símbolos para cada um desses elementos.

   a) Área de existência de indústrias;
   b) Área de localização de uma aldeia indígena;
   c) Área de plantio de laranja;
   d) Área de criação de gado (bois e vacas).

Oficina

O mapa de seu estado

Com a ajuda do professor, faça o mapa do estado onde você mora. Siga as instruções.

Do que você vai precisar?

- folha de papel transparente
- régua
- lápis e caneta hidrocor pretos
- lápis de cor verde, amarelo e azul
- cola

Como fazer?

1. Coloque a folha de papel transparente sobre o mapa **Brasil: divisão política** da página 19. Com um lápis preto, reproduza o traçado do mapa.
2. Localize o estado onde você mora e reforce o contorno dos seus limites com caneta hidrocor.
3. Marque o local em que fica a capital do estado com um símbolo.
4. Escreva o nome do estado e da capital. Depois, escreva o nome dos estados que se limitam com o seu e das respectivas capitais.
5. Escreva o nome do oceano que banha o Brasil e pinte-o de azul.
6. Pinte o estado onde você mora de verde.
7. Pinte os demais estados brasileiros de amarelo.
8. Reproduza a escala e a rosa dos ventos.
9. Prepare a legenda, indicando o traço que você usou para fazer os limites de seu estado e o símbolo que indica a capital.
10. Cole seu mapa no caderno e dê um título para ele.

VOCÊ GOSTOU DE PRODUZIR O MAPA? QUAL FOI A MAIOR DIFICULDADE QUE VOCÊ TEVE? CONTE PARA O PROFESSOR E OS COLEGAS.

Ao estudar o tema **O Brasil, nosso país**, quais descobertas você fez?

Prepare-se para participar de uma brincadeira sobre os estados e as capitais do Brasil. Convide um colega para brincar com você!

Separem um dado e dois peões, que podem ser botões, pedacinhos de papel ou outros objetos pequenos, e sigam as instruções.

Trilha dos estados e capitais brasileiros

SIGA A TRILHA

1. Um participante de cada vez deve lançar o dado e andar com o marcador o número de casas correspondente aos pontos que tirou, partindo da **casa 1**.
2. Ao parar na casa correspondente, deve dizer o nome do estado em que está e de sua capital.
3. O colega vai avaliar a resposta.
   Resposta correta: avançar 1 casa | Resposta incorreta: voltar 1 casa
4. No fim, descubram se foram capazes de nomear todos os estados e capitais brasileiros.

Unidade 2
NOSSO ENDEREÇO NA TERRA

1. O que a imagem projetada pelo professor representa?
2. Existem outras representações do planeta Terra na ilustração de abertura desta unidade??
3. Você consegue localizar o Brasil em alguma dessas representações?

R.Stockli, A.Nelson, F.Hasler/NASA

Ricardo Dantas

Nesta unidade, vamos estudar:

- o Brasil nas representações cartográficas;
- os continentes da Terra;
- linhas imaginárias e hemisférios;
- o Brasil no continente americano.

25

1 O Brasil e sua localização na Terra

Imagine-se viajando em uma nave espacial. Se você observasse o nosso planeta do espaço, o que veria? Se a nave estivesse passando próximo ao território brasileiro, seria possível identificá-lo?

O Brasil é um dos países da Terra, o planeta em que vivemos.
O planeta Terra e o Brasil podem ser representados de diferentes formas.

A imagem de satélite

Observe, a seguir, a imagem de satélite que mostra a Terra vista do espaço. Nela é possível ver a parte do planeta em que fica o Brasil.

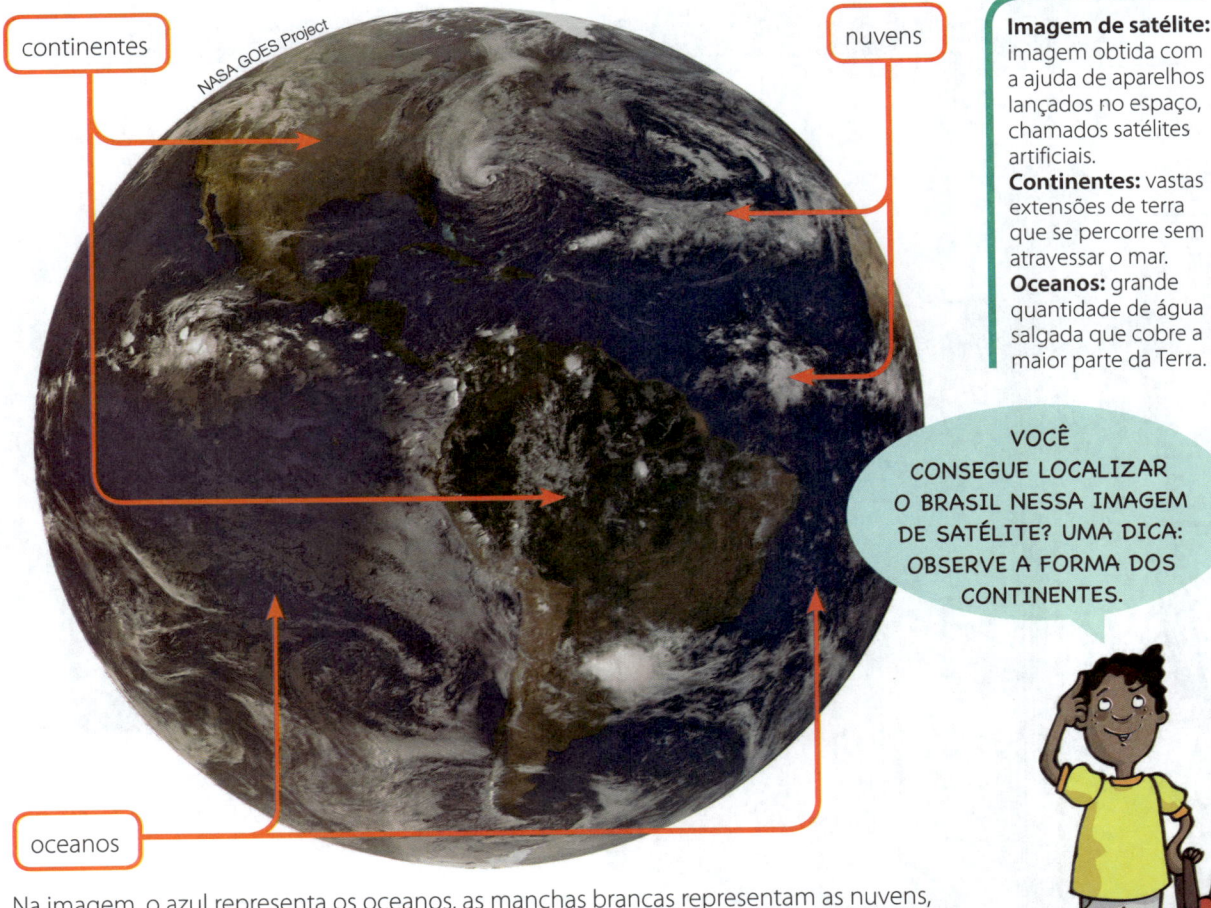

continentes

NASA GOES Project

nuvens

oceanos

Imagem de satélite: imagem obtida com a ajuda de aparelhos lançados no espaço, chamados satélites artificiais.
Continentes: vastas extensões de terra que se percorre sem atravessar o mar.
Oceanos: grande quantidade de água salgada que cobre a maior parte da Terra.

VOCÊ CONSEGUE LOCALIZAR O BRASIL NESSA IMAGEM DE SATÉLITE? UMA DICA: OBSERVE A FORMA DOS CONTINENTES.

Na imagem, o azul representa os oceanos, as manchas brancas representam as nuvens, e os tons de verde e amarelo representam as grandes extensões de terra que formam os continentes. O nome e o contorno dos países não aparecem na representação. Imagem de satélite do ano de 2012.

O globo terrestre

Como você deve ter reparado, a imagem de satélite da página ao lado não mostra a maior parte dos limites de nosso país e dos países vizinhos. Esses limites costumam ser mostrados em outros tipos de representação de nosso planeta. Uma dessas representações é o **globo terrestre**.

Observe o globo terrestre representado ao lado.

ENCONTRE O BRASIL NO GLOBO TERRESTRE!

O globo terrestre é uma representação da Terra. Ele tem a forma aproximada de nosso planeta. Para observarmos todos os continentes e oceanos, precisamos girá-lo.

Atividade

1. Compare o globo terrestre e a imagem de satélite, reproduzindo, na coluna correta, as informações correspondentes a cada uma dessas representações.

Imagem de satélite	Globo terrestre

- É uma representação produzida por computador, com a utilização de informações obtidas por aparelhos enviados para o espaço.
- É feito de madeira, plástico ou outro material.
- É possível identificar continentes e oceanos.
- Assemelha-se a uma fotografia.
- Geralmente aparecem os nomes dos continentes e oceanos, além de outras informações importantes.

Fique sabendo

As linhas imaginárias

Você deve ter reparado que no globo terrestre aparecem linhas cortando o planeta em diferentes direções. Essas linhas, conhecidas como linhas imaginárias, são os **paralelos** e **meridianos**.

Os paralelos e meridianos servem para facilitar a localização dos lugares na superfície terrestre.

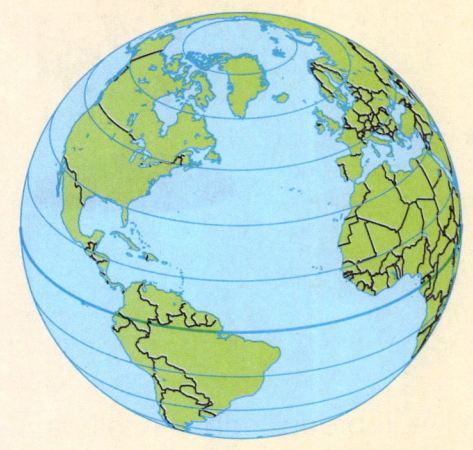

Fonte: **Meu 1º atlas**. 4. ed. Rio de Janeiro: IBGE, 2012.

Fonte: **Meu 1º atlas**. 4. ed. Rio de Janeiro: IBGE, 2012.

Mapas: Allmaps

Os paralelos são linhas imaginárias que circundam a Terra.

Os meridianos são linhas imaginárias que vão de um polo ao outro.

O **Equador** é o principal paralelo e o **Meridiano de Greenwich** é o principal meridiano.

Linhas imaginárias: linhas que cortam imaginariamente a Terra.
Polo (terrestre): extremidades norte e sul de nosso planeta. Os polos da Terra são chamados de "Polo Norte" e "Polo Sul".

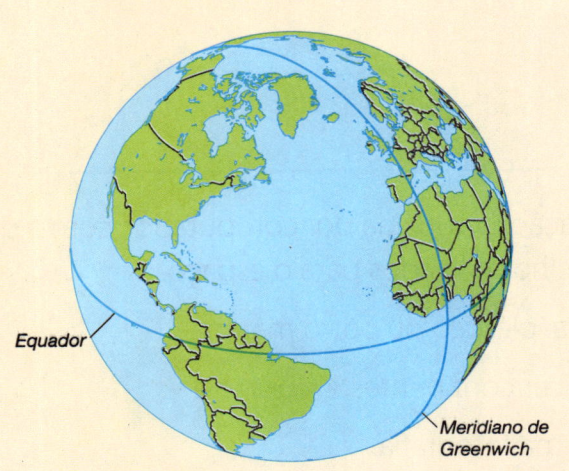

Equador

Meridiano de Greenwich

Fonte: **Meu 1º atlas**. 4. ed. Rio de Janeiro: IBGE, 2012.

O paralelo principal, a linha do Equador, divide a Terra em duas partes iguais: o **Hemisfério Norte** e o **Hemisfério Sul**.

> **Hemisfério:** metade de uma esfera (no caso, metade da esfera terrestre).

Fonte: **Meu 1º atlas**. 4. ed. Rio de Janeiro: IBGE, 2012. p. 84.

O meridiano principal, meridiano de Greenwich, divide o planeta em **Hemisfério Oeste**, ou Ocidental, e **Hemisfério Leste**, ou Oriental.

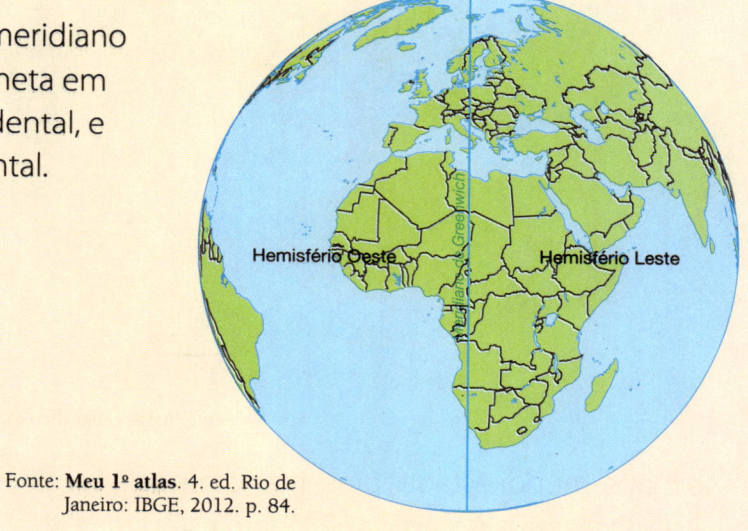

Fonte: **Meu 1º atlas**. 4. ed. Rio de Janeiro: IBGE, 2012. p. 84.

1. Em relação à linha do Equador, em que hemisfério a maior parte do Brasil está localizada?

_____
_____

2. Em relação ao meridiano de Greenwich, em que hemisfério o território brasileiro está localizado?

_____
_____

O mapa-múndi

Além da imagem de satélite e do globo terrestre, existem diversas outras maneiras de representar o nosso planeta.

O **mapa-múndi** é um tipo de representação da Terra feito em uma superfície plana.

Ele mostra o nosso planeta como se fosse um globo aberto, dividido ao meio, com os hemisférios representados lado a lado. Sendo assim, é possível observar todas as partes da Terra de uma só vez.

Mapa-múndi

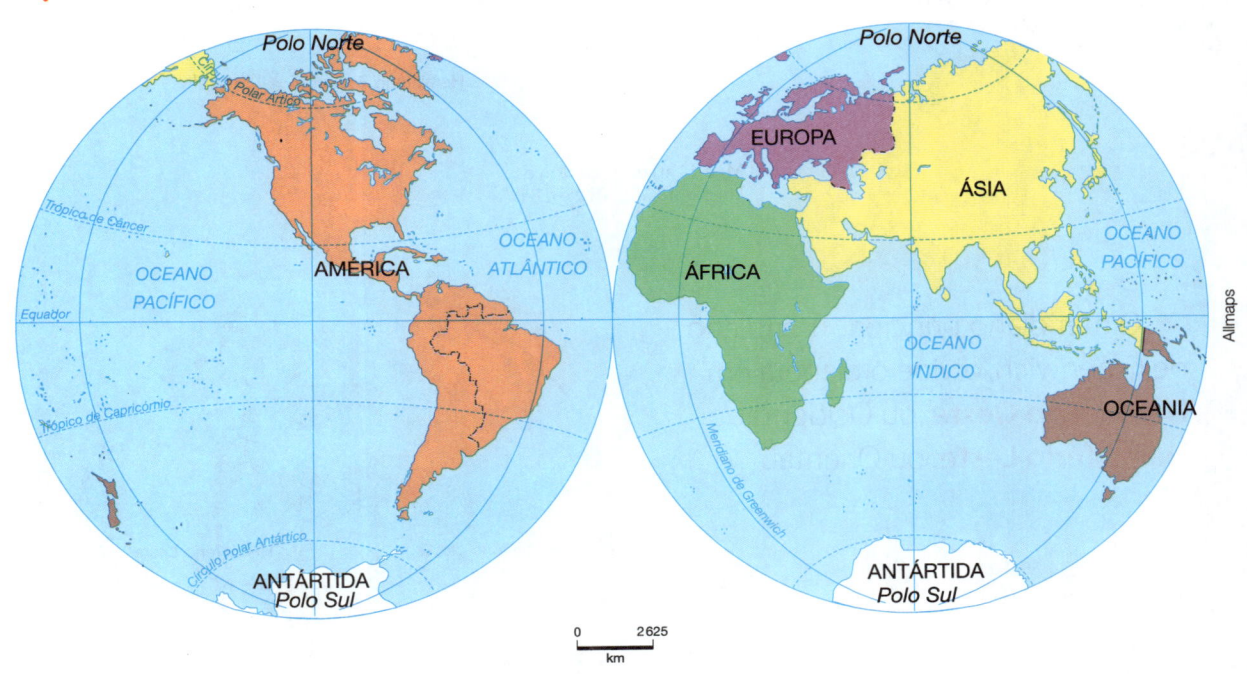

Fonte: **Atlas geográfico Melhoramentos**. São Paulo: Melhoramentos, 1996.

Nesse mapa-múndi estão representados os seis continentes da Terra: América, África, Europa, Ásia, Oceania e Antártida. Também estão representados os principais oceanos: Pacífico, Atlântico e Índico.

Os continentes e os oceanos estão representados em tamanho reduzido. A escala informa essa redução.

VOCÊ CONSEGUE ENCONTRAR O BRASIL NO MAPA-MÚNDI?

O planisfério

Uma das formas mais utilizadas pelas pessoas para representar a superfície terrestre é o **planisfério**. Nele, você pode ver todas as partes da Terra de uma só vez.
Observe o planisfério abaixo.

Planisfério

Fonte: Instituto Brasileiro de Geografia e Estatística. **IBGE 7 a 12**. Disponível em: <http://atlasescolar.ibge.gov.br/images/atlas/mapas_mundo/mundo_planisferio_politico_a3.pdf>. Acesso em: 10 dez. 2013.

Utilize a rosa dos ventos do planisfério para descobrir o que fica nas direções norte, sul, leste e oeste do Equador e do meridiano de Greenwich.

E NO PLANISFÉRIO, VOCÊ CONSEGUE ENCONTRAR O BRASIL?

Atividades

1. Observe o mapa-múndi da página anterior e responda:

    a) Qual o nome dos continentes da Terra?

    b) Em que continente o Brasil está localizado?

2. Observando o planisfério acima, que oceano banha as terras brasileiras?

3. Observe a seguir os continentes da Terra representados isoladamente. Escreva o nome do continente a que corresponde cada representação.

a) _____

b) _____

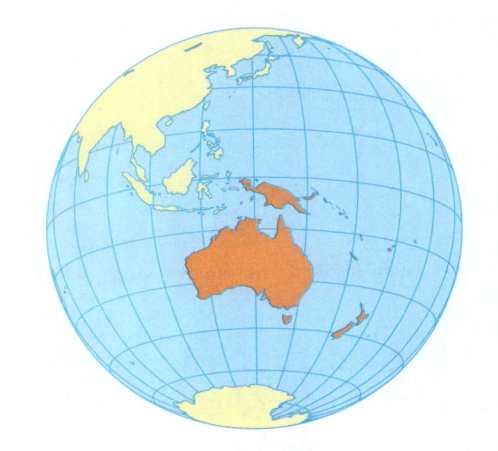

c) _____

d) _____

e) _____

f) _____

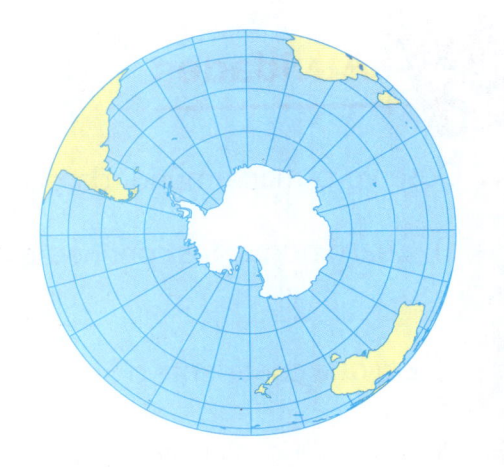

Ler para se informar

Os maiores países do mundo

Você sabe dizer quais são os maiores países do mundo? Será que o Brasil é um deles? Leia a seguir.

O Brasil é um dos maiores países do mundo. Em extensão territorial, só perde para Rússia, Canadá, China e Estados Unidos.

Países mais extensos

Fonte: Brasil no mundo. **IBGE 7 a 12**. Disponível em: <http://7a12.ibge.gov.br/vamos-conhecer-o-brasil/nosso-territorio/brasil-no-mundo>. Acesso em: 9 dez. 2013.

- De acordo com o mapa, qual é o maior país do mundo? _____

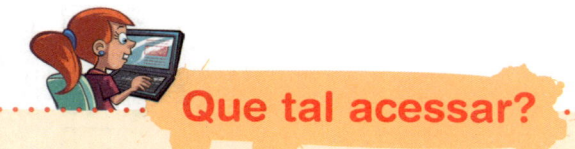

Que tal acessar?

"Mapa-múndi", jogo do portal *Escola Games*. Disponível em: <http://www.escolagames.com.br/jogos/mapaMundi/>. Acesso em: 9 dez. 2013.

Pilote o avião e descubra onde estão as estrelas antes que o combustível acabe. Nessa viagem você irá testar seus conhecimentos sobre os continentes e oceanos de nosso planeta.

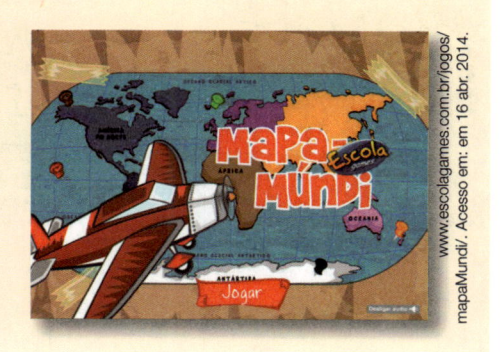

Ler para conhecer

Como são obtidas as imagens de satélite

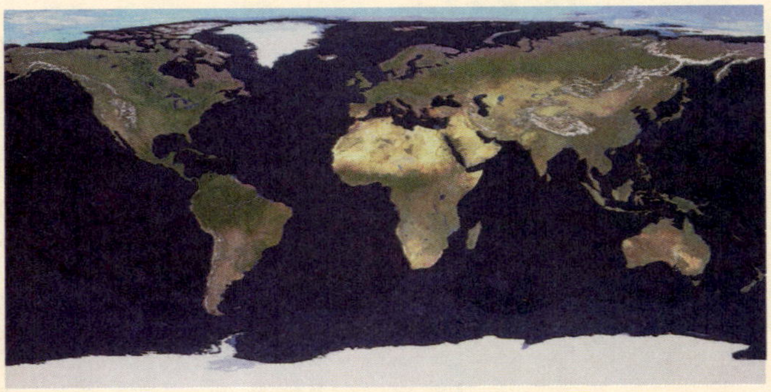

Observe a representação do planeta Terra ao lado, construída por meio de imagens de satélite.

Para obtermos imagens por meio de satélites, são necessárias várias etapas de trabalho.

Conheça algumas delas no texto a seguir.

[...]

Os satélites são equipamentos que quando lançados ao espaço permanecem girando em torno da Terra.

Ao invés de uma câmera fotográfica, eles levam consigo um sensor que recebe energia refletida por elementos como casas, lagos, florestas etc., que compõem a superfície da Terra.

Estes elementos captam energia de fontes naturais, como, por exemplo, o sol.

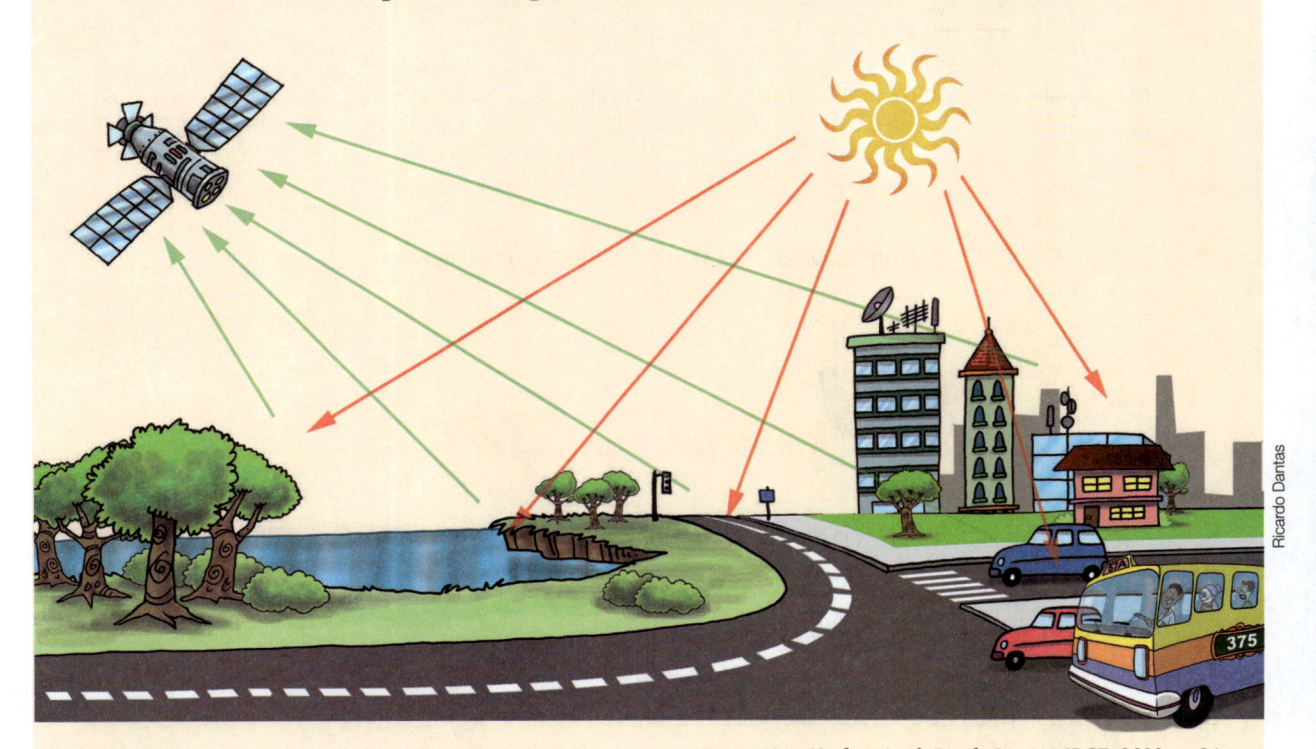

Fonte: **Meu 1º atlas**. 4. ed. Rio de Janeiro: IBGE, 2012. p. 84.

Representação simplificada de satélite captando a energia refletida por elementos da superfície terrestre.

Existem também sensores capazes de emitir e receber sinais.

Um bom exemplo de utilização de técnicas de sensoriamento remoto são as imagens de satélite utilizadas para avaliar o desmatamento nas florestas.

[...]

Os satélites emitem sinais eletrônicos que chegam aos laboratórios instalados na Terra. Os técnicos, com a ajuda de computadores, criam a imagem. As cores apresentadas pelas imagens de satélite nem sempre correspondem às cores reais do terreno. Elas são aplicadas em laboratório por técnicos para reforçar e dar mais nitidez ao que se quer destacar.

Fonte: **Meu 1º atlas**. 4. ed. Rio de Janeiro: IBGE, 2012. p. 84-85.

Sensoriamento remoto: conjunto de técnicas utilizadas para coletar dados sobre um objeto ou fenômeno a longa distância. É uma das ferramentas mais utilizadas para monitorar a superfície terrestre.

Imagem de satélite em órbita. Foto do ano de 2013.

1. Em sua opinião, a Terra foi mostrada mais próxima do real na imagem de satélite ou nas outras representações? Converse com um colega.

_____
_____

2. As imagens de satélite a seguir mostram um mesmo local em dois anos diferentes, em 2001 e em 2012.

Imagem de satélite de parte da Floresta Amazônica no ano de 2001.

Imagem de satélite de parte da Floresta Amazônica no ano de 2012.

Nas duas imagens, os tons de verde representam áreas com vegetação, e os tons de amarelo, as áreas desmatadas.

- Com base no que você observou nas imagens, a área desmatada aumentou ou diminuiu com o passar dos anos?

_____

Fique sabendo

Como o mundo era representado

No passado os mapas eram feitos por cartógrafos que percorriam de navio os oceanos e, através das viagens e de estudos de localização, traçavam os contornos dos continentes. Muitas vezes os mapas eram feitos com base apenas nos relatos de viajantes.

Os conhecimentos de cartografia também não contavam com o auxílio de aparelhos tecnológicos ou de imagens de satélites, como hoje em dia, por isso as formas dos continentes não eram conhecidas ou representadas como conhecemos atualmente.

Observe a imagem do planisfério abaixo. Ele foi feito em 1587 pelo cartógrafo Rumold Mercator.

Foto de mapa de Rumold Mercator, elaborado por volta de 1587.

Você percebe as diferenças entre as formas do planisfério acima e as do planisfério da página 31?

Você também notou que no mapa há desenhos de animais bem diferentes?

Desbravando mares, os navegadores entravam em contato com criaturas marinhas desconhecidas na época e, muitas vezes, por medo, ou mesmo por não as verem direito, as descreviam e retratavam como monstros, e acreditavam que esses animais afundavam as embarcações.

Atividades

1. Observe abaixo o mapa do mundo elaborado pelo cartógrafo Willem Janszoon Blaeu, em 1606. Agora, responda.

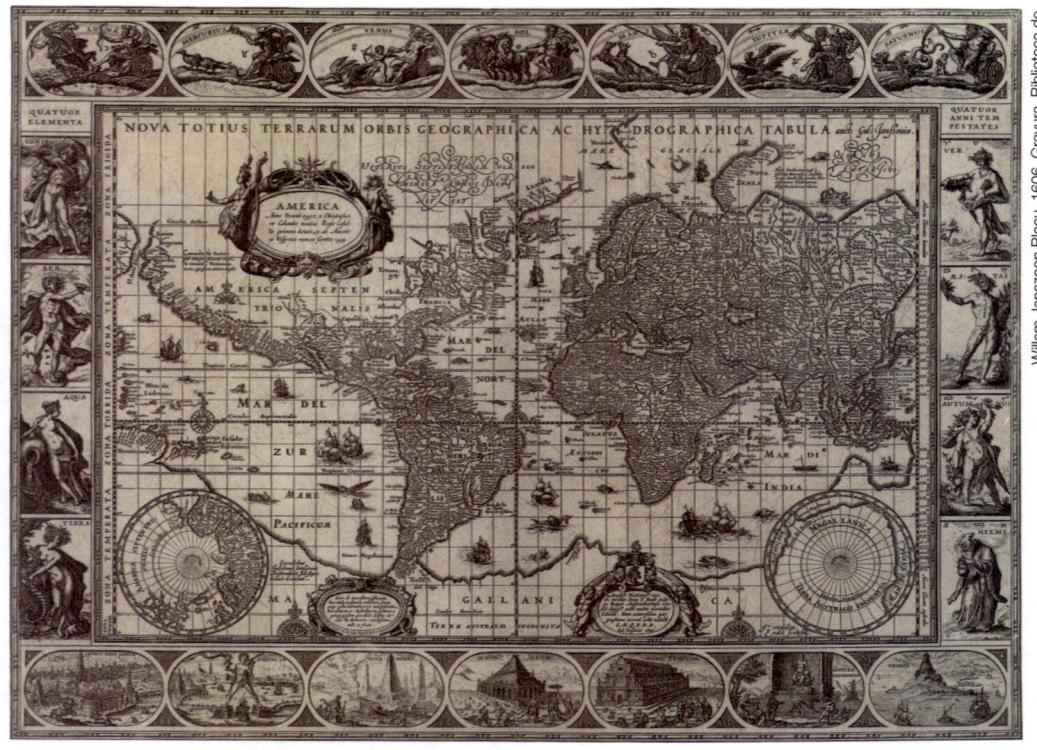

Foto de mapa de Willem Janszoon Blaeu, feito por volta de 1606.

a) Você notou alguma diferença entre esse planisfério e aquele que conhecemos atualmente, mostrado na página 31? Se encontrar alguma diferença, cite-a.

_____
_____

b) Os animais representados nos mapas são assim na realidade? Por que os navegadores os retratavam dessa forma?

_____
_____
_____

2. Com dois colegas busquem uma imagem de um mapa histórico do mundo. Em um cartaz colem uma cópia do mapa histórico e a imagem de um planisfério atual. Escrevam as diferenças que encontraram nos contornos dos continentes entre os dois mapas. Apresentem o trabalho para a classe.

2 O Brasil no continente americano

> Em que continente se localiza o Brasil?

A América é o segundo maior continente da Terra em extensão territorial, atrás apenas da Ásia.

Esse imenso continente é dividido em três partes, ou subcontinentes: a América do Norte, a América Central e a América do Sul.

Subcontinentes: partes de um continente.

Continente americano

América do Norte
América Central
América do Sul

Fonte: **Atlas geográfico escolar**. 6. ed. Rio de Janeiro: IBGE, 2012.

Cada uma dessas partes é formada por um conjunto de países.
O Brasil pertence à América do Sul. Observe ao lado:

> O BRASIL FAZ FRONTEIRA COM A MAIOR PARTE DOS PAÍSES DA AMÉRICA DO SUL.

América do Sul: divisão política

Fonte: Instituto Brasileiro de Geografia e Estatística. **IBGE 7 a 12**. Disponível em: <http://7a12.ibge.gov.br/images/7a12/mapas/mundo/america_sul_pol.pdf>. Acesso em: 10 dez. 2013.

Fronteira: faixa que separa o território dos países.

Atividades

1. O continente americano é formado por quais subcontinentes?

_____

2. Encontre os países da América do Sul no diagrama.

```
H R K B U F H U T A C N L Q E U I
G A U A V E Q U A D O R V M D J B
O Ç I C H O J S T G A D X O L E C
C K T S J I A U G A R A P H M J U
C B E H O E S S R B F D E Q U A V
V E N E Z U E L A H S B R A S I L
E F H T A V N O A I W A U T U G F
Z O B E C O L Ô M B I A E H I O O
O M O I S H A C H F A R M S D T Y
L I L O K D I Q I F S G U I A N A
S Y Í R D G T L U H O E T D I Z Q
A J V F J Q F B E K I N F S S L Y
F E I J E E V L R Q R T N B U K I
T F A Ç U M A U D A F I I H D S U
J Y S U R I N A M E Y N K R A H D
M H Z E I W U R U G U A I Ç C A I
```

39

Trabalhar com TABELA

Países da América do Sul

Com uma extensão territorial de mais de oito milhões de quilômetros quadrados, o Brasil é o país mais extenso da América do Sul. Além disso, é o país mais populoso, isto é, com a maior população.

Para comparar a área e a população dos países da América do Sul, observe a tabela.

Extensão territorial e população dos países da América do Sul (2013)

País	Extensão territorial (quilômetros quadrados)	População (habitantes)
Argentina	2 780 400	42 610 981
Bolívia	1 098 581	10 461 053
Brasil	8 514 877	201 009 622
Chile	756 102	17 216 945
Colômbia	1 138 910	45 745 783
Equador	283 561	15 439 429
Guiana	214 969	739 903
Paraguai	406 752	6 623 252
Peru	1 285 216	29 849 303
Suriname	163 820	566 846
Uruguai	176 215	3 324 460
Venezuela	912 050	28 459 085

Fonte: Central Intelligence Agency (CIA). *The World Factbook*. Disponível em: <www.cia.gov/library/publications/the-world-factbook/geos/ns.html>. Acesso em: 10 dez. 2013.

> LEIA A TABELA. O QUE MOSTRA CADA COLUNA? E CADA LINHA?

1. Qual é a extensão territorial do Brasil? _____

2. Depois do Brasil, qual é o maior país da América do Sul? E o menor país?
_____

3. Qual é a população do Brasil indicada na tabela? _____

4. Depois do Brasil, qual é o país com mais habitantes na América do Sul? E com menos?
_____

Ao estudar o tema **Nosso endereço na Terra**, quais descobertas você fez?

- Chegou a hora de você virar um detetive e testar seus conhecimentos. Você deverá seguir as pistas e descobrir o nome da cidade onde está escondido um grande tesouro.

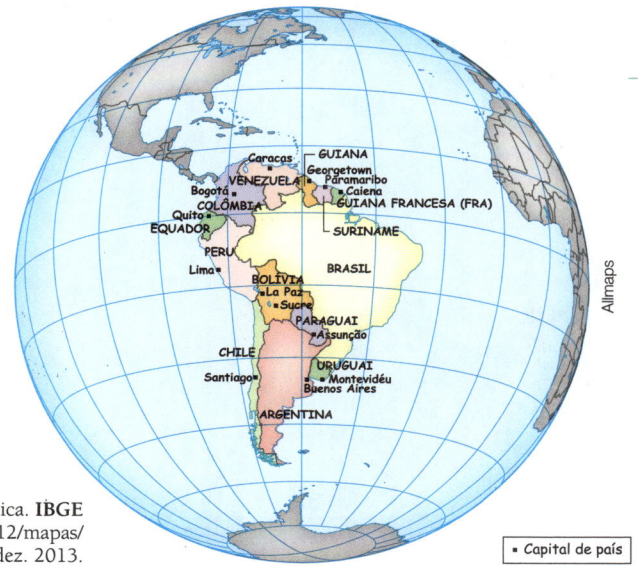

Fonte de pesquisa: Instituto Brasileiro de Geografia e Estatística. **IBGE 7 a 12**. Disponível em: <http://7a12.ibge.gov.br/images/7a12/mapas/mundo/america_sul_pol.pdf>. Acesso em: 10 dez. 2013.

Pistas

A cidade onde está escondido o tesouro:
- é a capital de um país da América do Sul;
- fica no Hemisfério Sul do planeta;
- está situada em um país que faz fronteira com a Bolívia;
- fica em um país banhado pelo Oceano Atlântico;
- está entre os meridianos de 40° O e 60° O;
- está entre a linha do equador e o paralelo de 20° S;
- fica em um dos maiores países do mundo.

E aí, descobriu em que cidade o tesouro está escondido?

_____

Unidade 3
O BRASIL E SEU POVO

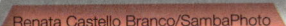

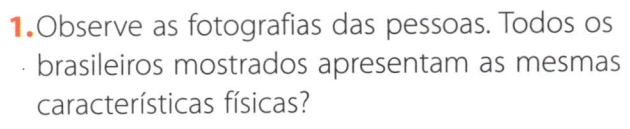

1. Observe as fotografias das pessoas. Todos os brasileiros mostrados apresentam as mesmas características físicas?
2. Em sua opinião, por que os brasileiros são tão diferentes? Converse com os colegas.
3. Você se identifica com as características físicas de algum brasileiro que aparece nas fotografias? Qual?

Nesta unidade, vamos estudar:

- quantos somos e como estamos organizados no território brasileiro;
- a formação e o crescimento da população do Brasil;
- algumas desigualdades entre a população brasileira;
- direitos e deveres dos cidadãos brasileiros.

1 Quantos são e onde vivem os brasileiros

Você sabe quantos habitantes há no Brasil?

Como você já sabe, o território brasileiro é bastante extenso.

Nele, vive a população brasileira, formada por mais de duzentos milhões de habitantes.

Essa população distribui-se de forma muito irregular pelo território brasileiro: enquanto algumas áreas são muito povoadas, outras apresentam um pequeno número de habitantes.

Veja o mapa abaixo. Pela legenda do mapa é possível ver que as áreas mais escuras possuem maior concentração de habitantes por quilômetro quadrado (km²).

> **Habitante:** aquele que reside ou vive em um local.
> **Povoado:** área habitada por pessoas.

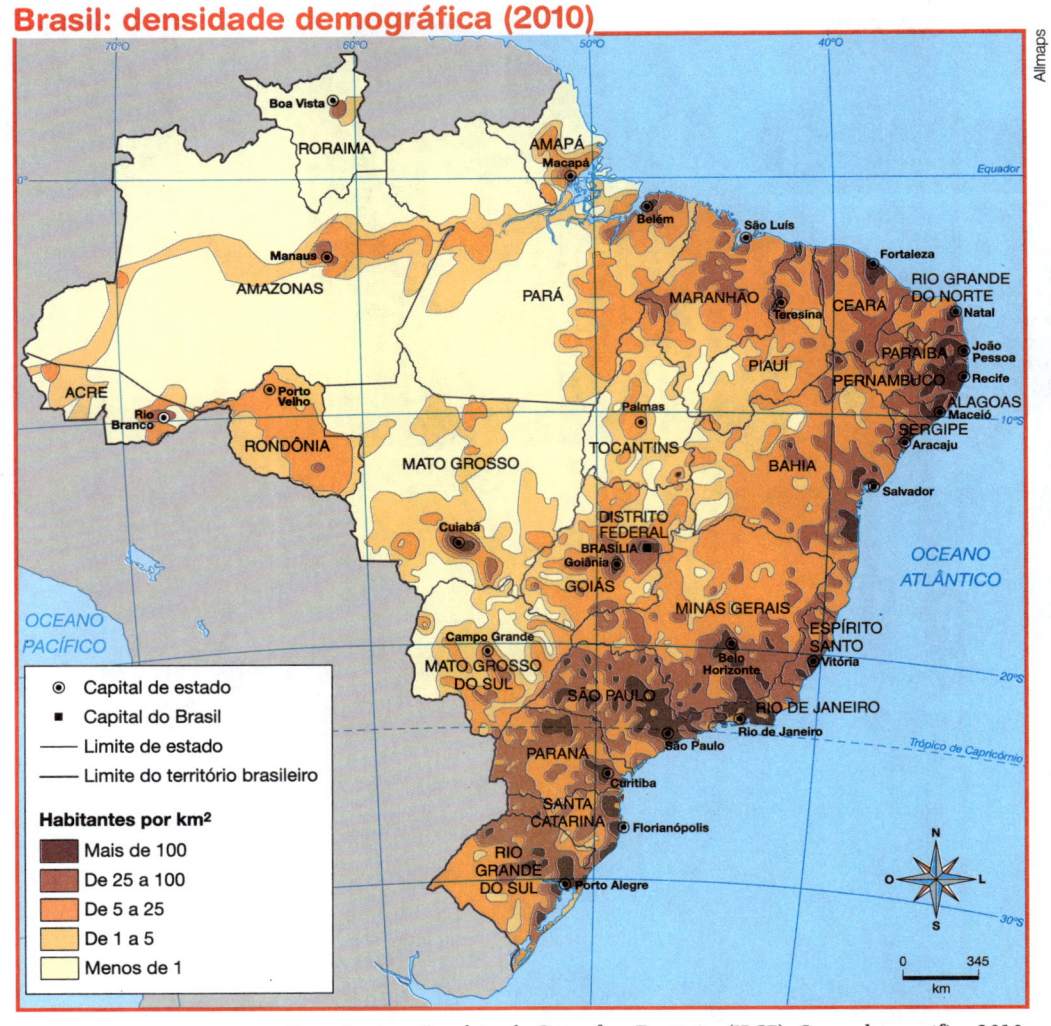

Brasil: densidade demográfica (2010)

Legenda:
- ◉ Capital de estado
- ■ Capital do Brasil
- — Limite de estado
- — Limite do território brasileiro

Habitantes por km²
- Mais de 100
- De 25 a 100
- De 5 a 25
- De 1 a 5
- Menos de 1

Fonte: Instituto Brasileiro de Geografia e Estatística (IBGE). **Censo demográfico 2010**. Disponível em: <http://censo2010.ibge.gov.br>. Acesso em: 13 jun. 2014.

Atividades

1. De acordo com o mapa da página anterior, onde vive a maior parte da população brasileira: próximo ao litoral ou no interior do território?

_____

2. De acordo com os dados do gráfico abaixo, há mais pessoas vivendo no campo ou na cidade no Brasil? Por que vocês acham que isso acontece?

Campo
29 852 986
habitantes

Cidade
160 879 708
habitantes

Fonte: Instituto Brasileiro de Geografia e Estatística (IBGE). **Censo demográfico 2010**. Disponível em: <http://censo2010.ibge.gov.br>. Acesso em: 13 jun. 2014.

_____
_____

3. O Brasil é um país populoso, isto é, com um grande número de habitantes. Observem, no mapa, como estava distribuída a população brasileira em 2010.

Brasil: população por estado (2010)

a) Quais são os estados brasileiros mais populosos?

_____
_____

b) Quais são os estados brasileiros menos populosos?

_____
_____

Fonte: Instituto Brasileiro de Geografia e Estatística (IBGE). **Censo demográfico 2010**. Disponível em: <http://censo2010.ibge.gov.br>. Acesso em: 13 jun. 2014.

A evolução da população brasileira

A quantidade de habitantes que formam a população de nosso país nem sempre foi a mesma.

Veja o gráfico abaixo, ele mostra a evolução da população total do Brasil desde 1900 até 2010.

População total do Brasil

Ano	População
1900	17 318 556
1920	30 635 605
1940	41 165 289
1950	51 941 767
1960	70 070 457
1970	93 139 037
1980	119 002 709
1991	146 825 475
2000	169 799 170
2010	190 732 694

Fonte: Instituto Brasileiro de Geografia e Estatística (IBGE). **Censos demográficos (1900 a 2010)**. Disponível em: <www.ibge.gov.br>. Acesso em: 13 jun. 2014.

Qual é a sua opinião?

A última informação do gráfico é de 2010. Em sua opinião, desde 2010 até hoje, a população aumentou ou diminuiu? Converse com seus colegas.

OBSERVE AS INFORMAÇÕES DE CADA COLUNA, ASSIM VOCÊ PODE VER O NÚMERO DE HABITANTES CORRESPONDENTE A CADA ANO.

Atividades

1. Utilizando as informações do gráfico, responda:

a) O que aconteceu com a população brasileira entre os anos de 1900 e 2010?

_____

b) Em que ano você nasceu? Qual era aproximadamente a população do Brasil nessa época?

_____

_____

2. Preencha a tabela utilizando os dados do gráfico.

Ano	População

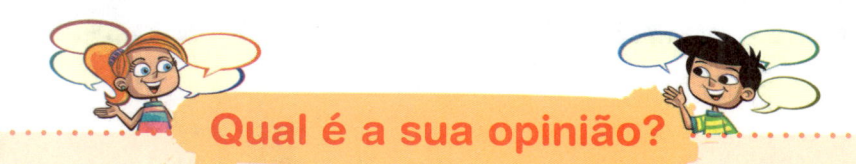

Qual é a sua opinião?

Observe o gráfico da página anterior e a tabela acima.
Que tipo de representação facilita a compreensão de como a população brasileira evoluiu nos últimos cem anos: o gráfico ou a tabela? Dê a sua opinião.

Fique sabendo

Quem calcula quantos somos?

Sabemos quantos habitantes formam a população brasileira graças ao Instituto Brasileiro de Geografia e Estatística (IBGE).

O IBGE é um órgão do governo responsável por fornecer informações sobre o território, a economia e a sociedade brasileira.

A cada dez anos esse instituto realiza uma pesquisa chamada **censo demográfico**. Por meio do censo são reunidas informações sobre os habitantes do Brasil: quantas pessoas há, que idades têm, quantas são mulheres, quantas são homens...

Para recolher essas informações, os funcionários do IBGE organizam um questionário com várias perguntas para serem feitas aos moradores de todos os lugares do Brasil. Os recenseadores, isto é, as pessoas que trabalham na coleta de informações, vão de casa em casa para entrevistar seus moradores. Os moradores também podem fornecer as informações pela internet.

Depois de as respostas serem reunidas e os dados serem preparados, as informações são utilizadas para criar documentos sobre o nosso país.

Aparelho eletrônico usado pelos recenseadores no Censo Demográfico 2010. Após recolher as informações, o recenseador leva o aparelho até os postos de coleta para transmitir os dados que conseguiu. O responsável pelo posto de coleta reúne os dados e os transmite ao Sistema Central de Processamento do IBGE. A transmissão é realizada pela internet.

PARA CONHECER UM POUCO MAIS O IBGE, ACESSE O *SITE*: <WWW.IBGE.GOV.BR>.

48

Trabalhar com TABELAS E GRÁFICOS

Agora que você já sabe o que é um censo, vamos recensear!

A sala será dividida em 5 grupos. O professor irá escolher 5 classes para serem recenseadas. Cada grupo ficará responsável por uma classe. O grupo deve usar o questionário abaixo como modelo para fazer as entrevistas.

Sexo:	☐ Feminino	☐ Masculino		
Idade:	☐ 0 a 5 anos	☐ 6 a 10 anos	☐ 11 a 15 anos	☐ acima de 15 anos
Na sua moradia vivem:	☐ 1 a 3 pessoas	☐ 4 a 6 pessoas	☐ mais de 7 pessoas	

Reproduzam o questionário em folhas avulsas quantas vezes forem necessárias. Depois das entrevistas realizadas é hora da contagem! Com seu grupo, faça o que se pede.

1. Montem uma tabela com as informações do questionário. Não esqueça que sua tabela deve conter quantas pessoas responderam cada alternativa.

2. Escolham uma das informações e, em um cartaz, montem um gráfico. Lembrem-se de que cada alternativa deve ter uma coluna no gráfico. Essa coluna vai representar a quantidade de pessoas que responderam àquela alternativa.

2 As origens da população brasileira

> Qual é a origem das pessoas de sua família?

A população brasileira é formada por pessoas com diferentes características físicas e culturais. É possível notar essas diferenças na cor da pele e dos cabelos, na estatura, bem como nos costumes e hábitos: na religião, comidas, crenças etc. Mas qual a razão dessas diferenças?

A origem dessas diferenças está na miscigenação de diferentes povos, como os indígenas, os africanos e os europeus, entre outros. Os brasileiros são descendentes desses povos.

Miscigenação: mistura de pessoas de diferentes origens e grupos étnicos.

A cultura também é herança da miscigenação e da nossa história. O carnaval é uma das festas mais populares do Brasil e faz parte da cultura brasileira. Na imagem, escola de samba em apresentação, onde um dos carros alegóricos carrega a bandeira do Brasil. Cidade do Rio de Janeiro, no Rio de Janeiro. Foto do ano de 2013.

Os indígenas

Os povos indígenas já habitavam as terras que hoje formam o nosso país antes da chegada dos colonizadores europeus, que vieram para as terras brasileiras a fim de colonizá-las e explorá-las.

Com a colonização, diversos indígenas foram obrigados a abandonar suas terras. Outros foram escravizados para trabalhar na agricultura ou na exploração de recursos naturais. Muitos indígenas morreram lutando por suas terras ou em consequência de doenças trazidas pelos colonizadores.

Veja no gráfico abaixo como foi a evolução da população indígena desde 1500.

Evolução da população indígena

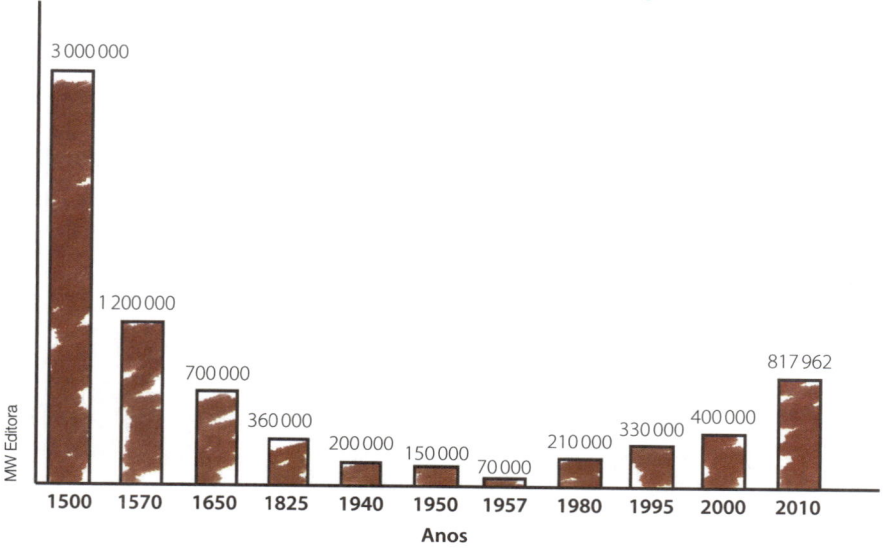

Anos	População
1500	3 000 000
1570	1 200 000
1650	700 000
1825	360 000
1940	200 000
1950	150 000
1957	70 000
1980	210 000
1995	330 000
2000	400 000
2010	817 962

Recursos naturais: são elementos encontrados na natureza e aproveitados pelas pessoas como matéria-prima.
Reserva indígena: área criada pelo governo que é destinada à ocupação de grupos indígenas.

Fonte: **Fundação Nacional do Índio**. Disponível em: <www.funai.gov.br/index.php/indios-no-brasil/quem-sao>. Acesso em: 9 abr. 2014.

Atualmente, muitos grupos indígenas vivem em reservas indígenas. Outros vivem em cidades ou em localidades próximas de suas terras de origem.

Família indígena em aldeia, no município de Santa Isabel do Rio Negro, Amazonas. Foto do ano de 2012.

Os africanos

Durante o período de colonização do Brasil, muitas pessoas foram trazidas à força de diferentes regiões da África para trabalhar como escravos em fazendas agrícolas e áreas de mineração.

Os africanos escravizados, por viverem em condições precárias, muitas vezes fugiam e formavam comunidades chamadas quilombos. Atualmente, alguns descendentes de africanos vivem nas terras que pertenceram a seus antepassados. Essas terras receberam o nome de terras remanescentes de quilombos ou comunidades quilombolas.

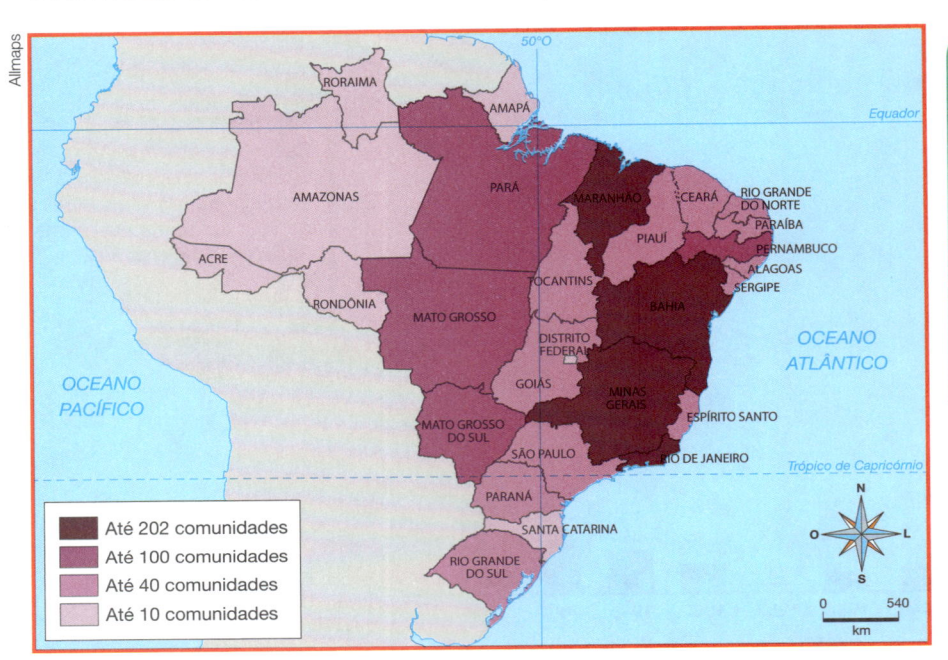

Escravo: aquele que vive sob o poder de outra pessoa, trabalha sem receber nenhum pagamento e não tem liberdade de escolha.
Discriminação racial: diferenciação injusta de uma pessoa com base na sua etnia, cor ou origem.
Preconceito: opinião desfavorável sobre algo ou alguém que é formada sem os conhecimentos adequados.

Os afrodescendentes, ou seja, os descendentes de africanos, vivem por todo o país. Apesar de muitos ainda sofrerem com a discriminação racial e preconceito, eles vêm, aos poucos, conquistando seus direitos na sociedade.

Cantora Marietti Fialho durante show em Porto Alegre, Rio grande do Sul. Foto do ano de 2010.

Importante geógrafo brasileiro, Milton Santos, na cidade de São Paulo, São Paulo. Foto do ano de 2000.

Os portugueses e outros povos

Os colonizadores portugueses foram os primeiros **imigrantes** recebidos pelo Brasil, isto é, as primeiras pessoas que deixaram seu lugar de origem para viver no nosso país.

Depois da chegada dos portugueses, muitos outros povos vieram para o Brasil, como espanhóis, italianos, austríacos, alemães, russos, americanos, japoneses, coreanos, chineses, árabes e judeus. Todos eles participaram da história de nosso país.

Navio Kasato-Maru, no porto da cidade de Santos, São Paulo. O navio trouxe imigrantes japoneses para o Brasil. Foto do ano de 1908.

Família de imigrantes alemães, no município de Bananal, Santa Catarina, por volta do ano de 1910.

Que tal ler?

Coleção Imigrantes do Brasil. São Paulo: Editora Panda Books.

Essa coleção traz nove livros com histórias de crianças brasileiras netas de imigrantes de diferentes etnias e origens.

Nas ruas do Brás, de Drauzio Varella. São Paulo: Companhia das Letrinhas, 2000.

O médico Drauzio Varella, neto de imigrantes espanhóis, conta como foi sua infância no bairro do Brás, na cidade de São Paulo.

A miscigenação deu origem a novos grupos. Os cafuzos são os mestiços de indígenas com negros. Os caboclos ou mamelucos resultam da união de indígenas com brancos. O IBGE chama de pardo a miscigenação entre negros, brancos e indígenas.

Já houve miscigenação entre esses grupos e, atualmente, denominamos mestiços a maioria da população brasileira.

Os indígenas, africanos, europeus, asiáticos e os mestiços formam hoje o povo brasileiro, que é culturalmente muito rico. Você, um cidadão brasileiro, também faz parte desse povo.

Mestiço: indivíduo gerado pela miscigenação de pessoas de diferentes etnias ou povos; descendente de dois ou mais povos com diferentes origens.

Helena Coelho. Convento de Sto Antonio e Largo da Carioca. Óleo sobre tela. 60×80. Galeria Jacques Ardies

VOCÊ PERCEBE A DIVERSIDADE QUE OS PERSONAGENS DA PINTURA APRESENTAM? ESSA DIVERSIDADE REPRESENTA O POVO BRASILEIRO?

Atividades

1. Observe o gráfico de evolução da população indígena da página 51 e responda.

a) De 1500 à 1570 houve uma grande queda no número de indígenas no Brasil. Cite alguns motivos para isso ter acontecido.

_____

_____

b) Em que ano a população indígena voltou a crescer? _____

2. Observe o mapa da página 52 e responda.

a) Quais estados têm o maior número de comunidades quilombolas?

_____

b) Quais estados têm o menor número de comunidades quilombolas?

_____

3. Preencha o diagrama.

   1. Colonizadores do Brasil.

   2. Povos que já habitavam o Brasil antes da chegada dos colonizadores.

   3. Pessoa que deixa o lugar onde nasceu para viver em outro país.

   4. Comunidades formadas por africanos escravizados que fugiam.

   5. Um dos povos imigrantes que se instalaram no Brasil.

A migração interna

Além da vinda de pessoas de outros países para o Brasil, ocorreram, e ainda ocorrem, migrações internas em nosso país.

Migração interna é o deslocamento de pessoas dentro do próprio país. Muitos brasileiros mudam de um município para outro, ou de um estado para outro. Também há brasileiros que mudam do campo para a cidade e da cidade para o campo.

Geralmente, as pessoas migram em busca de moradia, trabalho e melhores condições de vida.

A partir de 1960, a movimentação de pessoas de um estado brasileiro para outro intensificou-se.

Algumas cidades mais industrializadas, como a capital do estado de São Paulo, atraíram muitas pessoas por causa da grande oferta de trabalho. Com o tempo, o número de pessoas que chegava, porém, era maior que a quantidade de empregos disponíveis, o que contribuiu para que as condições de vida desses migrantes continuasse difícil.

As novas oportunidades de trabalho nas cidades de outros estados do país, graças à instalação de indústrias e ao crescimento do turismo, fez com que muitos migrantes decidissem voltar para os seus estados de origem.

VOCÊ JÁ MOROU OU GOSTARIA DE MORAR EM OUTRO ESTADO BRASILEIRO? CONTE PARA OS COLEGAS.

Fique sabendo

Um país de desigualdades

No Brasil, ao longo dos anos, a maior parte das riquezas ficou concentrada nas mãos de um pequeno grupo de pessoas, tornando-o um país com diferenças sociais entre seus habitantes.

Para entender melhor, observe as fotografias a seguir. Ambas representam Brasília, a capital de nosso país.

Rua em Brasília, Distrito Federal. Foto do ano de 2010.

Rua em Brasília, Distrito Federal. Foto do ano de 2010.

Os contrastes observados nas fotografias acima são gerados, principalmente, pela má distribuição de renda entre a população brasileira.

Contrastes: diferenças.

Ainda há muito que fazer para diminuir os problemas da desigualdade social em nosso país, mas, aos poucos, as condições de vida de muitas pessoas têm melhorado nos últimos anos.

- Com base no texto e em seu conhecimento, monte uma lista com aquilo que você considera necessidade básica para se ter boa qualidade de vida.

_____
_____
_____
_____

Ler para conhecer

O cidadão brasileiro, seus direitos e seus deveres

Você sabe o que é ser um cidadão?

Para exercermos nossa cidadania, precisamos conhecer e pôr em prática nossos direitos e deveres.

Os direitos e os deveres dos cidadãos brasileiros estão definidos na Constituição da República Federativa do Brasil. A nossa última Constituição foi publicada oficialmente em 5 de outubro de 1988.

Leia, abaixo, alguns dos artigos dessa Constituição.

Art. 5º Todos são iguais perante a lei [...].

I – homens e mulheres são iguais em direitos e obrigações, nos termos desta Constituição;

II – ninguém será obrigado a fazer ou deixar de fazer alguma coisa senão em virtude de lei;

[...]

Art. 6º São direitos sociais a educação, a saúde, a alimentação, o trabalho, a moradia, o lazer, a segurança, a previdência social, a proteção à maternidade e à infância, a assistência aos desamparados, na forma desta Constituição.

Constituição da República Federativa do Brasil de 1988. Disponível em: <www.planalto.gov.br/ccivil_03/constituicao/constituicao.htm>. Acesso em: 10 abr. 2013.

Capa da atual Constituição da República Federativa do Brasil.

1. O que você acha que o trecho "homens e mulheres são iguais em direitos e obrigações" da Constituição quer dizer?

_____
_____
_____

2. Segundo a Constituição, temos alguns direitos. São direitos que atendem às necessidades básicas do ser humano. Sabendo disso, observe a imagem ao lado e responda.

a) Na imagem, que direito, presente na Constituição, não está sendo atendido?

_____

b) Com base no que aprendeu, você acha que a situação da fotografia tem relação com a desigualdade social? Explique.

_____
_____
_____

3. Assinale verdadeiro **V** ou falso **F**.

a) ☐ A Constituição define os direitos e deveres dos cidadãos brasileiros.

b) ☐ Todos os direitos dos cidadãos que estão expostos na Constituição são atendidos.

c) ☐ O Brasil ainda é um país de desigualdades.

d) ☐ Para exercer a cidadania, é preciso conhecer e colocar em prática os deveres e os direitos definidos pela Constituição do Brasil.

Que tal ler?

ECA em tirinhas para Crianças. Câmara dos Deputados. Disponível em: <http://imagem.camara.gov.br/internet/midias/plen/swf/revistaAnimada/ecalivro1/ECA_ilustrado.pdf>. Acesso em: 13 jun. 2014.

Conheça seus direitos de criança de uma forma leve e divertida!

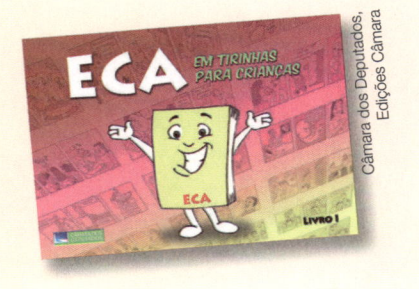

Ao estudar o tema **O Brasil e seu povo**, que descobertas você fez?

Observe a imagem abaixo. Ela representa uma obra de arte feita por uma artista brasileira muito famosa. Leia a legenda para descobrir um pouco sobre essa artista.

Tarsila do Amaral. **Operários**. Óleo sobre tela, 1933. 150 × 205 cm. Acervo Artístico-Cultural dos Palácios do Governo do Estado de São Paulo.

A pintora Tarsila do Amaral nasceu em 1º de setembro de 1886 no interior do estado de São Paulo e morreu no dia 17 de janeiro de 1973. Estudou na cidade de São Paulo e completou os estudos em Barcelona, uma cidade da Espanha. Em 1922, fez parte de um grupo de artistas conhecidos como modernistas. O quadro **Operários**, de 1933, é uma pintura de análise social do Brasil, retratando a sociedade brasileira.

1. Agora, converse com os colegas sobre o que se pede e registre sua opinião nas linhas abaixo.

   a) Converse com os colegas sobre aquilo que vocês conseguem observar na obra. O que mais chamou a sua atenção?
   _____
   _____

   b) Comparem a cor da pele e dos cabelos e o formato dos rostos que aparecem no quadro. As pessoas são iguais ou diferentes?
   _____
   _____
   _____

   c) De acordo com o que você aprendeu nesta unidade e com a diversidade das pessoas representadas na obra, podemos afirmar que Tarsila do Amaral retratou o povo brasileiro?
   _____

2. Agora, você e um colega vão elaborar uma obra de arte sobre o povo brasileiro. Recortem de jornais e revistas vários rostos de brasileiros e cole-os em uma folha grande de papel. Se preferirem, os rostos podem ser desenhados. Lembrem-se de criar um nome para o seu trabalho, de assinar e escrever o ano em que ele foi feito.

ENTREGUEM O TRABALHO PARA FAZER PARTE DO MURAL DA SALA DE AULA.

61

Unidade 4

O RELEVO BRASILEIRO

Paulo Nilson

1. O que mais chamou a sua atenção na paisagem representada na imagem? Por quê?
2. Como você descreveria o relevo dessa paisagem?
3. As formas de relevo mostradas no desenho se parecem com as do lugar em que você vive?

Nesta unidade, vamos estudar:

- as principais formas do relevo do Brasil;
- o papel da natureza e dos seres humanos na transformação do relevo.

63

1 As formas do relevo do Brasil

> Como são as formas do relevo do lugar onde você mora?
> E do lugar onde você estuda?

Ao observarmos as paisagens brasileiras, podemos perceber que as formas do relevo de nosso país são muito variadas: algumas áreas são planas, outras são acidentadas; alguns terrenos são baixos, outros estão em altitudes elevadas.

Altitudes: alturas do terreno medidas a partir do nível do mar.
Nível do mar: altitude média da superfície do mar.

Depressão é uma forma de relevo mais baixa do que o relevo ao seu redor. Depressão em Cambará do Sul, Rio Grande do Sul. Foto do ano de 2012.

Planícies são formas de relevos mais planas com baixas altitudes. Planície em São Francisco do Sul, Santa Catarina. Foto do ano de 2012.

Planaltos são terrenos mais elevados em relação às terras vizinhas. Planalto em Lauro Muller, Santa Catarina. Foto do ano de 2011.

Para facilitar o estudo das formas do relevo brasileiro, elas foram reunidas em três grandes unidades: os planaltos, as depressões e as planícies.

Observe o mapa.

Brasil: relevo

Planaltos
Grande parte do território brasileiro é formada por planaltos. Eles são formados por terrenos de superfícies irregulares, com altitudes mais elevadas que as áreas vizinhas. Suas encostas sofrem desgastes causados pela água, pelo vento e pelas mudanças de temperatura, formando os terrenos ao redor, como as planícies e as depressões.

Planícies
No litoral e nas margens de grandes rios, lagos e lagoas brasileiros predominam planícies. No geral, elas são formadas por terrenos mais planos, com raras elevações. As planícies são formadas pelo acúmulo de sedimentos das áreas mais elevadas trazidos pelas águas dos rios, dos mares e dos lagos.

Depressões
Parte do Brasil é ocupada por depressões. Elas são formadas por terrenos que estão em altitudes mais baixas que as áreas vizinhas.

Fonte: ATLAS geográfico escolar. 6. ed. Rio de Janeiro: IBGE, 2012.

Encostas: partes inclinadas de uma elevação (colina, monte, montanha).
Acúmulo: aglomeração; amontoamento.
Sedimentos: partes de rochas, solo, vegetação e restos de animais.

CONSULTE A LEGENDA PARA IDENTIFICAR E LOCALIZAR NO MAPA AS GRANDES UNIDADES DO RELEVO BRASILEIRO.

Atividades

1. As fotos da página 64 estão acompanhadas por legendas. As legendas descrevem o tipo de relevo representado, o lugar fotografado e a data.

Responda:

a) Qual das fotos mostra uma planície? O que é possível observar nessa foto?
_____

b) Qual das fotos mostra um planalto? O que é possível observar nessa foto?
_____

c) Qual das fotos mostra uma depressão? O que é possível observar nessa foto?
_____

2. Observe o mapa **Brasil: relevo** da página anterior e responda:

a) Quais as principais formas de relevo do Brasil?
_____

b) Que tipo de relevo predomina nas áreas litorâneas do país?
_____

3. Observe a representação abaixo e descubra o número que corresponde a cada uma das formas de relevo.

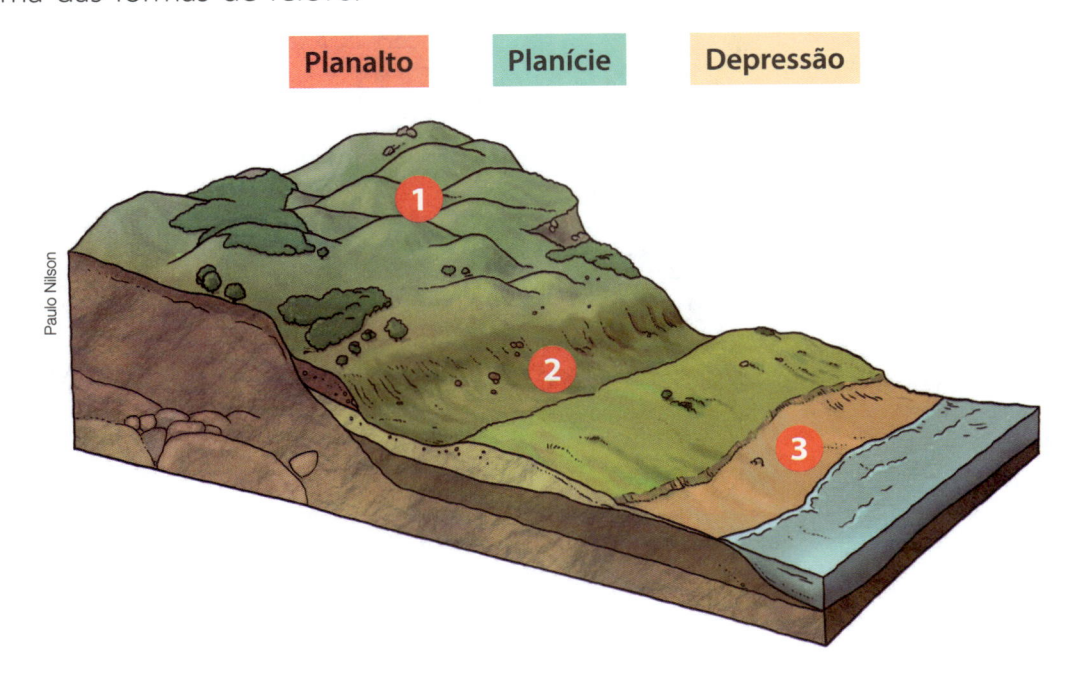

Planalto   Planície   Depressão

Trabalhar com MAPA

O relevo do Brasil

Prepare o mapa do relevo do estado onde você vive.
Siga os passos indicados.

1. Coloque uma folha de papel transparente (papel vegetal ou seda) sobre o mapa do relevo brasileiro (página 65).
2. Com um lápis, contorne os limites do estado onde você mora.
3. Contorne as unidades do relevo e pinte-as com as cores correspondentes.
4. Organize a legenda no canto do mapa e coloque a rosa dos ventos.
5. Copie a mesma escala que aparece no mapa do Brasil.
6. Cole o mapa no caderno e escreva um título para ele.

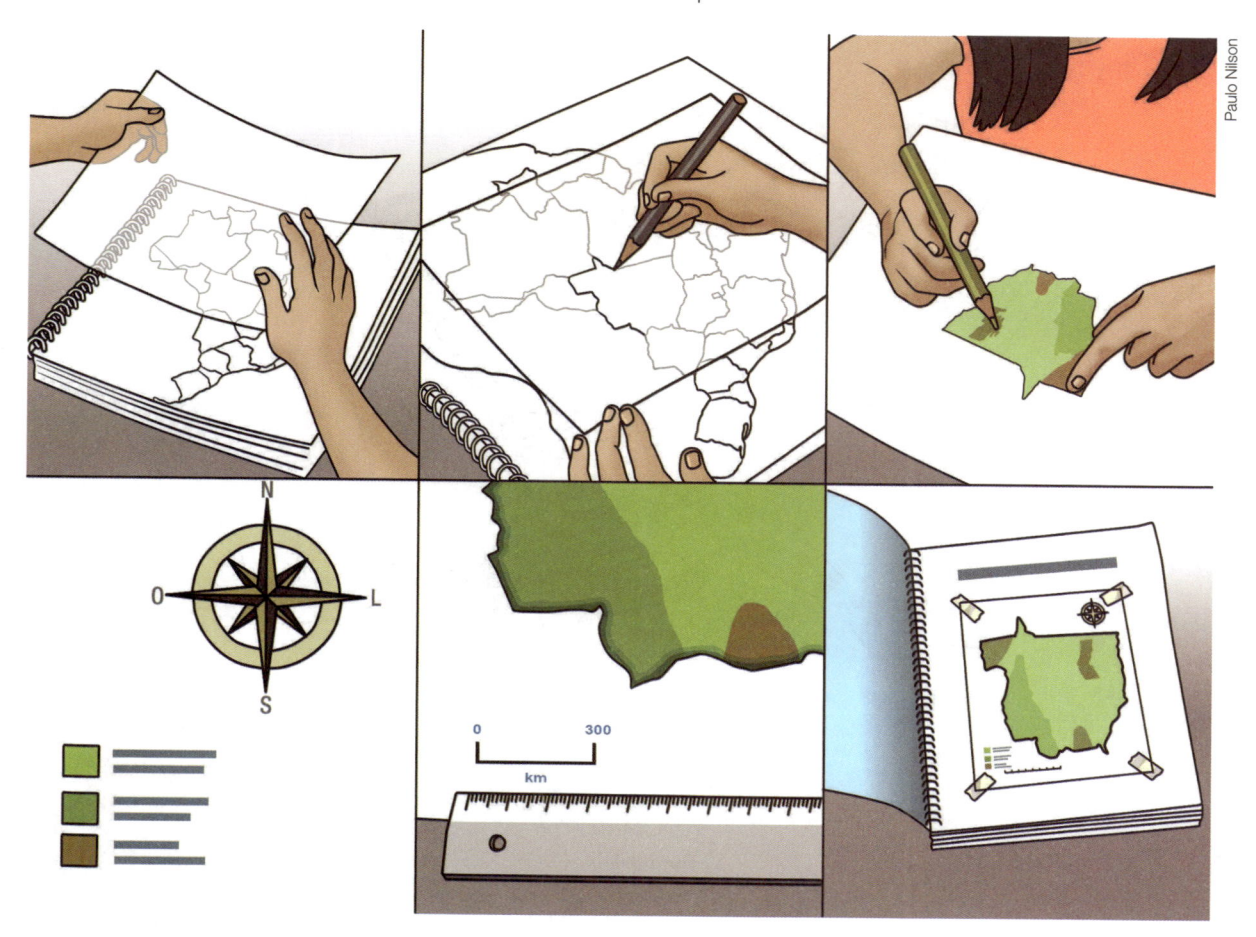

Agora responda:

- Que formas de relevo é possível encontrar no estado em que você vive? Qual delas é predominante?

Oficina

Álbum de fotografias

Reúna-se com três colegas. Vocês farão um álbum de fotos das formas de relevo que existem no estado em que vivem.

Do que vocês vão precisar?

Combinem quem será responsável por conseguir cada um dos seguintes materiais:

- jornais, revistas e folhetos de propaganda;
- folhas de papel sulfite;
- tesoura e cola;
- grampeador;
- cartolina.

> VOCÊS TAMBÉM PODEM FOTOGRAFAR ALGUMAS FORMAS DE RELEVO DO MUNICÍPIO ONDE MORAM PARA INCLUIR NO ÁLBUM.

Para começar

Pesquisem fotos de formas de relevo do estado onde vocês vivem em jornais, revistas ou folhetos de propaganda. Recortem essas imagens e coloquem-nas em uma pasta.

Como fazer?

1. Separem as imagens selecionadas em grupos. Cada grupo de imagens deverá corresponder a um tipo de relevo.
2. Colem cada grupo de imagens em folhas de papel sulfite.
3. Criem um título para cada grupo de imagens.
4. Façam uma legenda para cada foto. Indiquem, se possível, o nome do local representado e a data. Insiram na legenda um pequeno texto explicativo sobre as características do tipo de relevo que aparece na foto.
5. Utilizando a cartolina, criem uma capa para o álbum.
6. Com o auxílio de um adulto, grampeiem a capa e as folhas de sulfite utilizadas. Não se esqueçam de colocar os nomes de vocês no trabalho!

COMPAREM OS ÁLBUNS FEITOS POR TODOS OS GRUPOS DE ALUNOS. EM SEGUIDA, ORGANIZEM UMA EXPOSIÇÃO DOS TRABALHOS NA SALA DE AULA.

2 As transformações do relevo

As formas de relevo sempre foram como as vemos hoje?
É possível que elas se modifiquem?
Por que isso acontece?

As formas do relevo brasileiro transformam-se constantemente, tanto pela ação da natureza quanto pela ação das pessoas.

A erosão

A natureza transforma o relevo de diferentes maneiras. Uma das principais é a **erosão**.

A erosão acontece quando a força da água, do vento e do gelo desgasta e destrói as rochas e o solo, e os sedimentos formados são transportados e depositados em outros locais. As mudanças de temperatura e os seres vivos também provocam a erosão e a modificação do relevo.

Veja, a seguir, alguns exemplos de como a erosão transforma o relevo.

Foto: Renato Soares/Pulsar / Mapa: Allmaps

Fonte: **ATLAS geográfico escolar**. 6. ed. Rio de Janeiro: IBGE, 2012.

O vento lança sedimentos em direção às rochas, que pouco a pouco são desgastadas e modeladas. Assim, o relevo é lentamente modificado. O resultado é a formação de esculturas naturais, como a que aparece na imagem. Rochas erodidas pelo vento, em Uiramutã, Roraima. Foto do ano de 2011.

UTILIZE OS MAPAS PARA DESCOBRIR ONDE FICAM AS PAISAGENS REPRESENTADAS NAS FOTOS.

Fonte: **ATLAS geográfico escolar**. 6. ed. Rio de Janeiro: IBGE, 2012.

As águas dos rios desgastam as margens e transportam os sedimentos de um local para outro. Isso pode provocar o desmoronamento de barrancos e a mudança da forma dos rios. Os sedimentos transportados pelas águas dos rios são depositados em áreas mais baixas, provocando o surgimento de formas de relevo como as planícies. Na imagem, é possível ver o acúmulo de sedimentos transportados, na margem do rio. Alumínio, São Paulo. Foto do ano de 2010.

Fonte: **ATLAS geográfico escolar**. 6. ed. Rio de Janeiro: IBGE, 2012.

As águas do mar desgastam as rochas do litoral. Os sedimentos criados por esse desgaste são transportados e depositados em outros locais, o que contribui para a transformação do relevo das áreas da costa. Erosão pela água do mar, em Tibau do Sul, Rio Grande do Norte. Foto do ano de 2013.

Atividade

- Complete o texto abaixo com as palavras do quadro.

> erosão   natureza   depositados   sedimentos

As ações do homem e da _____ modificam o relevo brasileiro. A principal ação da natureza é a _____. Os _____ são transportados e _____ em outros locais.

Os movimentos no interior da Terra

Os movimentos que ocorrem no interior de nosso planeta também agem sobre as formas de relevo.

Observe a imagem.

Camadas da Terra

- crosta terrestre
- manto
- núcleo externo
- núcleo interno

A Terra é formada por camadas com diferentes características. A estrutura da Terra pode ser comparada à estrutura de um ovo. A parte mais externa, a **crosta terrestre**, corresponde à casca do ovo. Logo abaixo está o **manto**, que equivale à clara do ovo. O **núcleo**, localizado no centro da Terra, corresponde à gema do ovo.

A crosta terrestre, a camada da Terra em que vivemos, é formada por um conjunto de placas que se movimentam lentamente sobre o manto. Sobre essas placas, conhecidas como **placas tectônicas**, estão os oceanos, mares e continentes.

As placas tectônicas se movem em diferentes direções, ora aproximando-se, ora afastando-se umas das outras.

Placas tectônicas

Cada uma das áreas coloridas representa uma placa tectônica.

Quando as placas tectônicas se movimentam, uma das placas pode mergulhar sob a outra e provocar o dobramento de uma delas. Surgem assim as cadeias de montanhas. Veja:

> **Cadeias de montanhas:** conjuntos ou grupos de montanhas.

Formação de cadeias de montanhas por dobramento de placas

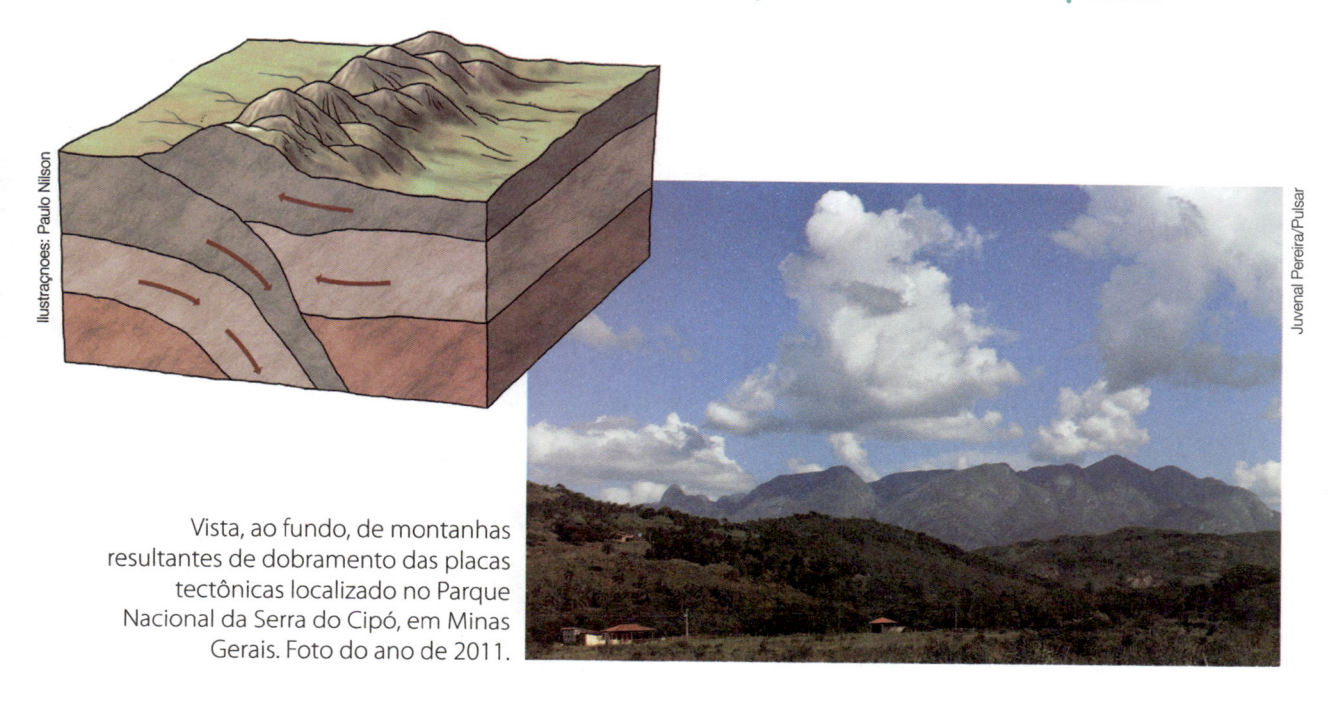

Vista, ao fundo, de montanhas resultantes de dobramento das placas tectônicas localizado no Parque Nacional da Serra do Cipó, em Minas Gerais. Foto do ano de 2011.

Quando as rochas que formam as placas tectônicas são muito resistentes, elas não se dobram. O atrito entre as placas provoca, então, o surgimento de falhas.

Formação de falhas

Na imagem, é possível ver uma rocha mais rebaixada e um terreno mais alto. Essa diferença de altura é resultado de uma falha geológica, em São José dos Ausentes, Rio Grande do Sul. Foto do ano de 2012.

Os terremotos e vulcões

Além da formação de cadeias de montanhas e falhas, o movimento das placas tectônicas pode provocar **terremotos**, ou seja, grandes vibrações e tremores que ocorrem na superfície da Terra. Além disso, pode provocar o aparecimento e a erupção de **vulcões**.

Erupção: saída violenta de lavas, cinzas e fumaça da cratera de um vulcão.
Lavas: material líquido ou pastoso lançado pelos vulcões.

Os maiores terremotos geralmente ocorrem no encontro das placas tectônicas. Por isso, o acontecimento de terremotos no Brasil é raro, já que o país está no centro de uma placa tectônica. Porém, o nosso país não está livre dos tremores. Já foram registrados diversos movimentos em alguns estados brasileiros, como no Rio Grande do Norte e em Minas Gerais. Imagem de casa destruída por consequência de um tremor, em Montes Claros, Minas Gerais. Foto do ano de 2012.

Quando os vulcões entram em erupção, eles liberam gases e magma que estavam no interior do planeta. O magma, um material pastoso e extremamente quente, endurece ao entrar em contato com a superfície terrestre, que é mais fria. Assim, esse material se transforma em novas rochas que acabam modificando o relevo terrestre. Vulcão em erupção no México. Foto do ano de 2013.

Atividades

1. Complete as frases a seguir.

a) As _____ formam a crosta terrestre e se movimentam em diferentes direções.

b) Os dobramentos acontecem quando duas placas se chocam e uma delas _____ sob a outra.

c) Quando duas placas com rochas muito _____ se chocam, surgem falhas.

2. Assinale as informações verdadeiras.

a) ☐ A crosta terrestre é a camada da Terra em que vivemos.

b) ☐ A erupção de vulcões não tem interferência na formação do relevo terrestre.

c) ☐ As placas tectônicas movimentam-se lentamente provocando transformações no relevo.

d) ☐ Cadeias de montanhas geralmente são formadas com o magma que sai dos vulcões.

Que tal ler e assistir?

Vulcões, de Pierre Winters. São Paulo: Brinque Book, 2013.

Como os vulcões se comportam? Nesse livro, você vai encontrar as respostas para suas dúvidas.

Vulcões: formando nosso planeta. França: Log On, 2007. (78 min, Não é mágica – a Ciência sem mistério).

Você sabia que o vulcão mais antigo do mundo está na Amazônia? Essa é uma das muitas curiosidades que você vai conhecer com Fred, Jaime e Manu.

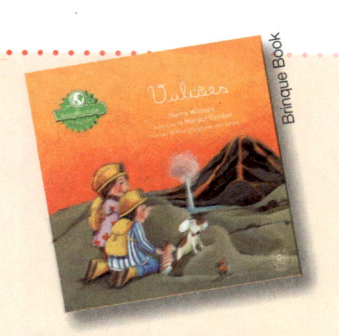

A atividade humana

Os seres humanos interferem e modificam constantemente as formas de relevo para atender seus interesses, facilitar sua vida e aproveitar melhor os espaços onde vivem.

As pessoas modificam o relevo ao construir túneis, escavar terrenos para a exploração de minérios, modificar encostas para a construção de casas e prédios, construir aterros. Quando essas atividades são realizadas, grandes quantidades de solo e rocha são movimentadas, modificando, assim, as formas do relevo.

> **Aterros:** locais que foram cobertos com terra para nivelar o terreno.
> **Nivelar:** tornar uma superfície plana, horizontal.
> **Deslizamentos de terra:** eventos provocados pelo desprendimento de solo e rochas dos terrenos. Os materiais soltos escorregam pelas encostas carregando rochas, árvores, construções e tudo o que há no caminho.

Muitas vezes, ruas, avenidas e estradas são feitas nas encostas dos morros, que são áreas inclinadas. Nesse caso, as pessoas precisam fazer cortes profundos nos terrenos, mudando as formas do relevo dos lugares. Construção de estrada em Valença, Rio de Janeiro. Foto do ano de 2009.

Algumas atividades humanas, como a agricultura, a pecuária e a construção de ruas, avenidas e moradias, podem ainda facilitar e intensificar a erosão dos solos e, com isso, modificar ainda mais as formas de relevo.

O desmatamento e a ocupação de encostas podem deixar o solo desprotegido, permitir que as águas das chuvas penetrem no solo com mais facilidade e provocar o acontecimento de deslizamentos de terra. Esses deslizamentos, que são mais frequentes em terrenos muito inclinados, podem destruir construções, ferir pessoas e animais e até mesmo causar mortes. Deslizamento na cidade de São Paulo, São Paulo. Foto do ano de 2011.

A derrubada da vegetação pode aumentar a erosão dos solos e a transformação do curso dos rios. Os materiais erodidos podem se depositar no leito dos rios e diminuir a sua profundidade, dificultando a navegação e causando enchentes, já que as águas acabam invadindo as margens e alagando terrenos com plantações e moradias. Assoreamento no rio Parnaíba, em Teresina, Piauí. Foto do ano de 2012.

Atividades

1. As formas do relevo do lugar onde você mora já foram modificadas pelas pessoas? Explique.

_____

_____

2. Observe a imagem e, em seguida, responda às questões.

a) O que a imagem representa?

_____

b) Quais as causas do processo representado no desenho?

_____

_____

Ler para conhecer

Terremotos no Brasil

Leia o texto e descubra mais sobre terremotos no nosso país.

Por que a terra treme no Brasil

[...]

Em 8 de outubro de 2010 a terra tremeu como jamais se havia visto em Mara Rosa, cidade com 10 mil moradores no norte de Goiás. Passava um pouco das 5 da tarde daquela sexta-feira e as pessoas se preparavam para o fim de semana quando o chão balançou tão intensamente a ponto de se tornar difícil ficar em pé. Árvores chacoalharam, paredes trincaram e telhas despencaram das casas. Menos de um minuto mais tarde, os reflexos desse terremoto de magnitude 5, um dos mais fortes registrados no país nos últimos 30 anos, haviam percorrido 250 quilômetros e alcançado Brasília, onde alguns prédios chegaram a ser desocupados. "Muita gente em Mara Rosa pensou que a terra fosse se abrir e o mundo acabar", conta Lucas Barros, chefe do Observatório Sismológico da Universidade de Brasília (UnB). Nas semanas seguintes Barros e sua equipe instalaram sismógrafos em Mara Rosa e nos municípios vizinhos para acompanhar a reverberação daquele tremor. Em seis meses, outros 800 sismos, menos intensos, ocorreram ali e ajudaram a determinar a causa direta do desassossego da terra naquela região. Bem abaixo de Mara Rosa, a uns três quilômetros de profundidade, há uma extensa rachadura na crosta terrestre, a camada mais rígida e externa do planeta. E, ao longo dessa fratura que se estende por cinco quilômetros, as rochas haviam se deslocado, fazendo a terra tremer. [...]

Igor Zolnerkevic e Ricardo Zorzetto. Por que a terra treme no Brasil. In: **Pesquisa Fapesp**, n. 207. São Paulo: Fapesp, maio de 2013. p. 45.

Magnitude: quantidade de energia que um terremoto libera, expressa em uma escala de controle chamada escala Richter.
Observatório Sismológico: local onde se realizam pesquisas sobre tremores e terremotos.
Sismógrafos: aparelhos que medem a intensidade de tremores e terremotos.
Reverberação: reflexão, repercussão.
Sismos: abalos ou tremores de terra.

- De acordo com o texto, onde e quando a terra tremeu no Brasil? Que explicação os cientistas encontraram para esse fato?

_____
_____
_____
_____

Ao estudar o tema **O relevo brasileiro**, que descobertas você fez?
Observe a sequência de imagens abaixo.

a

b

c

Paulo Nilson

- Responda oralmente às questões a seguir.

1. O que as imagens mostram?

2. O que aconteceu com a paisagem do local com o passar do tempo?

3. Houve transformação no relevo do lugar? Explique.

4. As alterações feitas pelos seres humanos no local representado podem facilitar a ocorrência de erosão? Explique.

Unidade 5

AS ÁGUAS DO TERRITÓRIO BRASILEIRO

1. Você percebeu que a imagem mostra diversos usos da água? Cite algumas formas em que a água está sendo utilizada na imagem.
2. Com base na imagem e de acordo com os seus conhecimentos, você considera a água importante para a natureza? Por quê?
3. Você utiliza a água em quais atividades do seu dia a dia?

Geografia

PORTA Aberta

EDIÇÃO RENOVADA

Lição de casa

Mirna Lima

Licenciada em História e Mestre em História Social pela Universidade de São Paulo. Professora do Ensino Fundamental nas redes pública e privada do estado de São Paulo. Professora de Teoria e Prática de Ensino de História e Geografia de universidades privadas do estado de São Paulo.

4

FTD
1ª edição
São Paulo – 2014

FTD

Coleção Porta Aberta – Geografia – 4º ano
Copyright © Mirna Lima, 2014

Diretor editorial
Lauri Cericato

Gerente editorial
Rosa Maria Mangueira

Editoras
Débora Lima
Luciana Ribeiro Guimarães

Editores assistentes
Bianca Balisa
Wellington Santos

Assistentes de produção
Ana Paula Iazzetto
Lilia Pires

Assistentes editoriais
Silvia Elena Pedroso Barbosa
Claudia Casseb Sandoval
Vanessa Oliveira G. Macedo

Gerente de produção editorial
Mariana Milani

Coordenador de produção editorial
Caio Leandro Rios

Coordenadora de preparação e revisão
Lilian Semenichin

Preparadora
Amanda Lenharo di Santis

Revisora
Alessandra Meira

Coordenador de arte
Eduardo Evangelista Rodrigues

Editor de arte, projeto gráfico e capa
Fabiano dos Santos Mariano

Diagramador
Lima Estúdio Gráfico

Tratamento de imagens
Ana Isabela Pithan Maraschin
Eziquiel Racheti

Ilustrações
Ilustrarte
João Peterson Mazzoco
Marco A. Cortez
Paulo Nilson

Iconografia
Supervisão
Letícia Palaria

Pesquisadoras
Célia Maria Rosa de Oliveira

Diretor de operações e produção gráfica
Reginaldo Soares Damasceno

Reprodução proibida: Art. 184 do Código Penal e
Lei 9.610 de 19 de fevereiro de 1998.
Todos os direitos reservados.

EDITORA FTD S.A.
Matriz: Rua Rui Barbosa, 156 – Bela Vista – São Paulo – SP –
CEP 01326-010 – Tel.: (0-XX-11) 3598-6000
Caixa Postal 65149 – CEP da Caixa Postal 01390-970
www.ftd.com.br – E-mail: ensino.fundamental1@ftd.com.br

Apresentação

Vamos conversar sobre a lição de casa?

Calma! Lição de casa não é um bicho de sete cabeças! Ela é fundamental para que você possa aprender mais. E, se tiver dúvidas, procurar o professor para resolvê-las. Assim, você estará preparado para avançar em seus estudos.

O tempo necessário para fazer a lição de casa varia, pois cada pessoa tem o seu ritmo.

Algumas dicas podem ajudá-lo a aproveitar bem essa atividade. Com a ajuda da família, encontre um espaço tranquilo da casa e crie uma rotina de estudo, estabelecendo um horário para fazer a lição, assim você terá tempo para brincar e realizar outras atividades.

A participação da família na vida escolar é muito importante, e você pode solicitar a ajuda da sua, porém lembre-se: quem deverá fazer a lição é você. E é importante fazê-la com atenção e capricho.

A lição de casa será orientada e corrigida pelo professor, já que ela complementa o trabalho em sala de aula e permite ao professor uma avaliação diária da sua aprendizagem.

Com a lição de casa você vai:

- **compartilhar** com a família o que está aprendendo na escola;
- **retomar** os conteúdos aprendidos na aula;
- **estudar**, fixando o aprendizado que adquiriu;
- **coletar** mais conhecimentos sobre algum tema de estudo;
- **questionar** sobre um assunto que posteriormente será aprofundado em classe.

Fazendo a lição, diariamente, você aprende mais e ganha autonomia, além de alcançar notas melhores.

Estudar, pesquisar, ler e escrever fora da sala de aula é essencial para seu desenvolvimento social e cultural. Por isso, mãos à obra!

Sumário

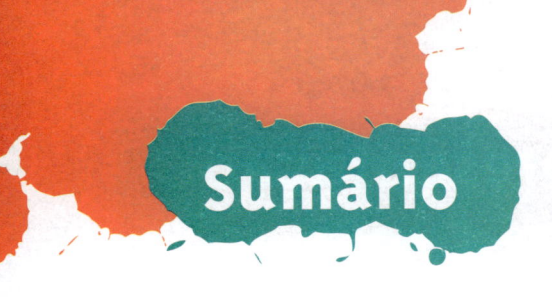

UNIDADE 1 – O BRASIL, NOSSO PAÍS
Lição 1 5
Lição 2 8

UNIDADE 2 – NOSSO ENDEREÇO NA TERRA
Lição 3 11
Lição 4 14

UNIDADE 3 – O BRASIL E SEU POVO
Lição 5 16
Lição 6 19

UNIDADE 4 – O RELEVO BRASILEIRO
Lição 7 21
Lição 8 25

UNIDADE 5 – AS ÁGUAS DO TERRITÓRIO BRASILEIRO
Lição 9 29
Lição 10 32

UNIDADE 6 – O TEMPO ATMOSFÉRICO E O CLIMA
Lição 11 36
Lição 12 40

UNIDADE 7 – PLANTAS E ANIMAIS DO BRASIL
Lição 13 45
Lição 14 49

UNIDADE 8 – AS ATIVIDADES ECONÔMICAS NO BRASIL
Lição 15 51
Lição 16 53

UNIDADE 9 – A DIVERSIDADE CULTURAL BRASILEIRA
Lição 17 55
Lição 18 61

Unidade 1
O BRASIL, NOSSO PAÍS

Lição de casa 1

DATA: _____ / _____ / _____

1. O Brasil é conhecido pela sua grande diversidade de paisagens e belezas naturais. Você consegue descobrir quais das paisagens a seguir são paisagens brasileiras? Assinale-as com um **X**.

2. Assim como as paisagens brasileiras, as características físicas do povo brasileiro são bastante diversas. Pensando nisso, busque imagens em jornais, revistas, na internet ou mesmo fotos da sua família que demonstrem essa diversidade. Cole as imagens no quadro abaixo.

3. Leia a seguir dois trechos da obra **Enquanto o dia não chega** e assinale o que se relaciona à miscigenação do povo brasileiro.

☐ "Os brancos eram queimados de sol [...]. E havia pessoas com pele de todos os tons de castanho, desde as mais avermelhadas, com cabelo liso, até as bem escuras [...] com cabelo enroladinho."

☐ "As semanas seguintes se passaram sem muitas novidades, só com a rotina de sempre."

Ana Maria Machado. **Enquanto o dia não chega**. Rio de Janeiro: Objetiva, 2013. p. 83 e 133.

4. Veja:

a) Com base na ilustração, pode-se afirmar que os produtos vendidos:

☐ são os mesmos.

☐ são diferentes.

b) Dependendo da região do Brasil, o produto das figuras apresenta um nome diferente. Isso é um exemplo de:

☐ diversidade de características físicas.

☐ diversidade do modo de falar.

Unidade 1 — O BRASIL, NOSSO PAÍS

Lição de casa 2

DATA: ____/____/____

1. Observe o mapa do Brasil, dê um título para ele e faça o que se pede.

_____

Fonte: **ATLAS geográfico escolar**. 6. ed. Rio de Janeiro: IBGE. 2012.

a) Responda: o Brasil é dividido em quantos estados?
_____

b) Responda: qual é o nome do oceano que banha o Brasil?
_____

c) Pinte de amarelo o estado onde você mora.
_____

d) Faça um X no estado ou país que fica ao norte do estado onde você mora.
_____

e) O estado onde você mora

☐ é banhado pelo oceano Atlântico.

☐ não é banhado pelo oceano Atlântico.

2. Leia:

Rio 2

Blu, a famosa e rara ararinha-azul do primeiro filme, aparece nessa nova aventura com sua companheira Jade e seus três filhotes. Seus donos estão agora na Floresta Amazônica, fazendo novas pesquisas e encontram uma pena de arara-azul, o que pode significar que Blu e sua família não são os últimos da espécie. Ao ver uma reportagem de TV sobre o caso, Blu, Jade e os filhotes partem do Rio de Janeiro para uma viagem pelo interior do Brasil, rumo ao Amazonas.

a) De acordo com o trajeto que a família de Blu fez, segundo o texto, cite dois estados que ela provavelmente atravessou, partindo em linha reta, do Rio de Janeiro ao Amazonas. Consulte o mapa do exercício anterior.

_____

b) A imagem acima mostra Blu e sua família já no Amazonas. De acordo com o que mostra a figura, assinale os elementos característicos da paisagem desse estado brasileiro:

☐ oceano   ☐ plantações

☐ rios   ☐ animais variados

☐ muita vegetação   ☐ pastagens

☐ construções   ☐ estradas

3. Agora vamos analisar outro mapa do Brasil.

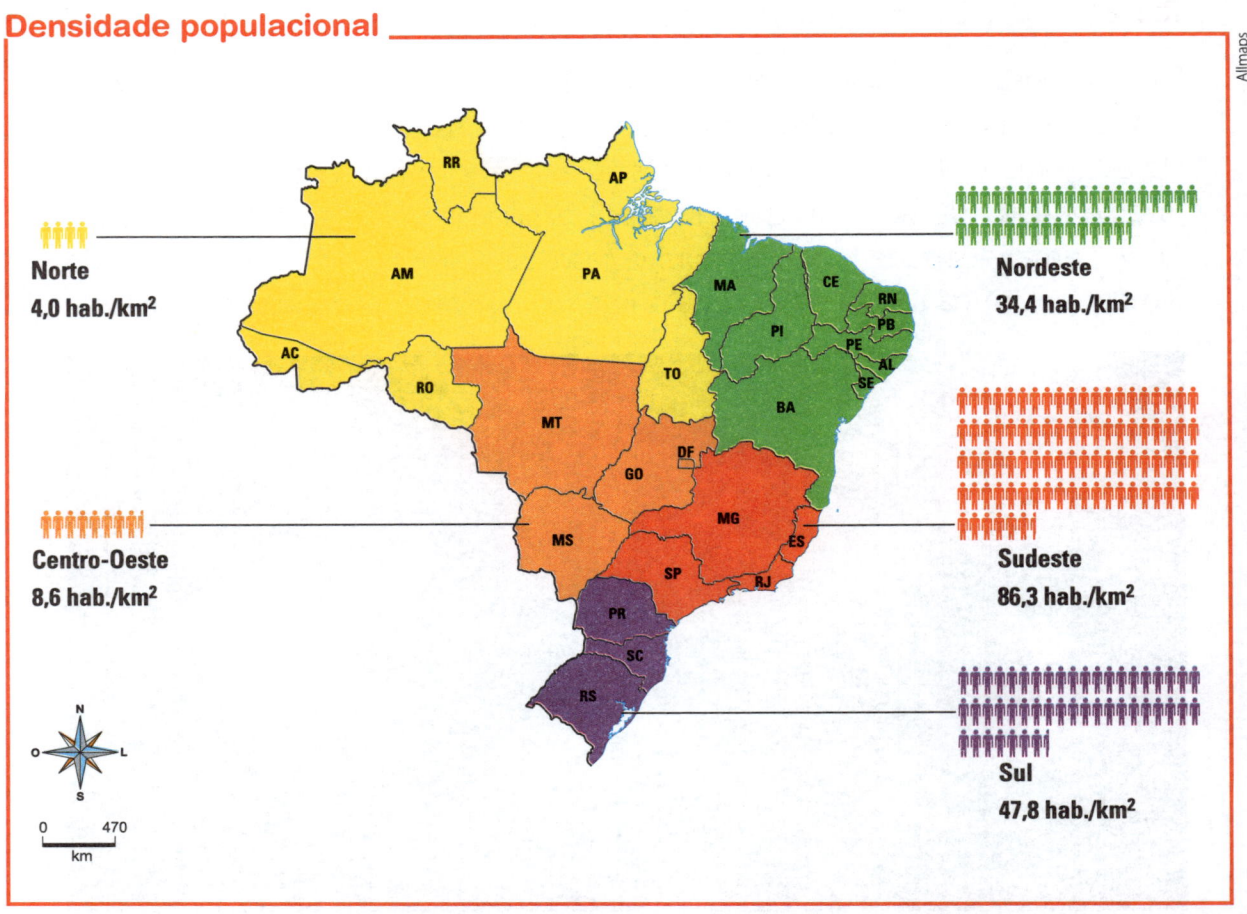

Densidade populacional

Norte 4,0 hab./km²
Nordeste 34,4 hab./km²
Centro-Oeste 8,6 hab./km²
Sudeste 86,3 hab./km²
Sul 47,8 hab./km²

Fonte: PESQUISA NACIONAL POR AMOSTRA DE DOMICÍLIOS. Rio de Janeiro: IBGE, 2008. Disponível em: <http://biblioteca.ibge.gov.br/visualizacao/monografias/GEBIS%20-%20RJ/panorama.pdf>. Acesso em: 14 ago. 2014.

a) Complete a frase com uma das opções entre parênteses:

Os estados pintados de vermelho apresentam número _____ (maior/menor) de habitantes.

b) Escreva o nome desses estados:

_____

_____

c) Que estados brasileiros apresentam menor quantidade de habitantes? Escreva os nomes.

_____

_____

Unidade 2

NOSSO ENDEREÇO NA TERRA

Lição de casa 3

DATA: _____ / _____ / _____

1. Observe:

Barnaby Chambers/Shutterstock/Glow Images

a) Complete a legenda:

☐ Oceanos

☐ Continentes

☐ Nuvens

b) Complete as frases:

- Esta é uma imagem de _____ do planeta Terra.

- Os _____ são vastas extensões de terra que se percorrem sem atravessar o mar.

- Os _____ são grandes quantidades de água salgada que cobrem a maior parte da Terra.

c) Para que são lançados no espaço satélites artificiais?

_____

_____

2. Leia:

> Gotas de água da chuva
> Alegre arco-íris sobre a plantação
> Gotas de água da chuva
> Tão tristes, são lágrimas na inundação
> Terra! Planeta Água
> [...]
>
> Guilherme Arantes. Planeta Água. **Letras.mus.br**. Disponível em: <http://letras.mus.br/guilherme-arantes/46315>. Acesso em: 19 abr. 2014.

a) No planeta Terra, a água advém de diferentes fontes. O trecho da música "Planeta Água" trata de uma dessas fontes. Qual é?

_____

b) Observe novamente a imagem de satélite da página anterior e responda:
- Que cor predomina no planeta Terra visto do espaço?

_____

- Dessa forma, justifique a imagem presente na música: "Terra! Planeta Água".

_____

_____

3. Observe a imagem a seguir e responda às questões.

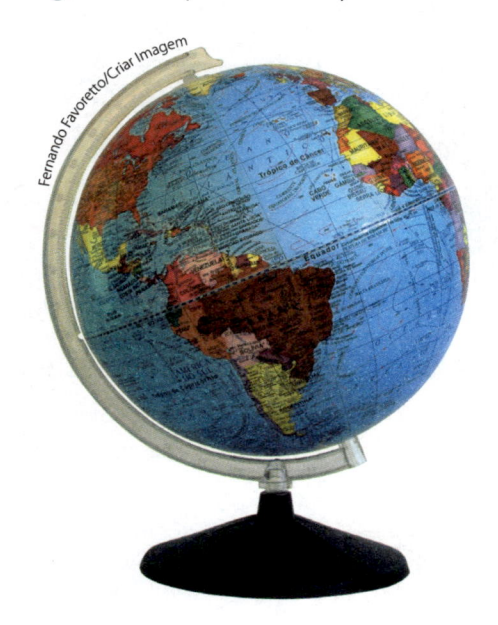

a) Que representação do planeta Terra é essa?
_____

b) Por meio dessa representação, podemos ver...

☐ todo o planeta ao mesmo tempo.

☐ parte do planeta. Ao girar o globo, vemos outras partes.

c) Como são chamadas as linhas imaginárias verticais que cortam o planeta?
_____

d) E as linhas horizontais?
_____

e) O principal paralelo é a linha do equador, que atravessa horizontalmente o planeta bem no meio. Encontre-o na imagem acima e reforce essa linha com lápis preto.

4. Cite outras duas maneiras de representação do planeta Terra e explique qual delas você acha mais fácil de compreender e por quais motivos.
_____
_____
_____
_____

Unidade 2

NOSSO ENDEREÇO NA TERRA

Lição de casa 4

DATA: ____/____/____

1. Já tivemos vinte Copas do Mundo, em diferentes países e continentes. Veja a tabela.

América – Divisão política

Uruguai – 1930
Itália – 1934
França – 1938
Brasil – 1950
Suíça – 1954
Suécia – 1958
Chile – 1962
Inglaterra – 1966
México – 1970
Alemanha – 1974
Argentina – 1978
Espanha – 1982
México – 1986
Itália – 1990
Estados Unidos – 1994
França – 1998
Coreia do Sul e Japão – 2002
Alemanha – 2006
África do Sul – 2010
Brasil – 2014

Fonte: **ATLAS geográfico escolar**. 6. ed. Rio de Janeiro: IBGE. 2012.

a) Circule, na tabela, os países americanos que já sediaram a Copa do Mundo.

b) Pinte, no mapa, apenas os países da América do Sul que já sediaram a Copa do Mundo.

c) Considerando apenas os países americanos que já sediaram a Copa do Mundo, quais se localizam totalmente no Hemisfério Norte?
___

d) Explique a afirmativa: o Brasil não se localiza totalmente no Hemisfério Sul.
___
___

2. A Floresta Amazônica ocupa partes de alguns países da América do Sul. Veja a tabela:

País	Área inserida no Bioma (milhares de km^2)[1]
Bolívia	357
Brasil	4 049
Colômbia	450
Equador	76
Guiana Francesa	70
Guiana	208
Peru	667
Suriname	145
Venezuela	390
Total	6 412

[1] Área estimada em SIG a partir de dados da CI (2004).

Fonte: IMAZON. Disponível em: <http://www.imazon.org.br/publicacoes/livros/copy_of_Tabela1.JPG/image_preview>. Acesso em: 14 ago. 2014.

- De acordo com a tabela, a Floresta Amazônica ocupa mais território no _____ e menos território na _____.

Unidade 3 — O BRASIL E SEU POVO

Lição de casa 5

DATA: ____/____/____

1. O mapa abaixo mostra como está distribuída a população no território brasileiro. Nas partes mais escuras, há maior população.

Brasil: Densidade demográfica (2010)

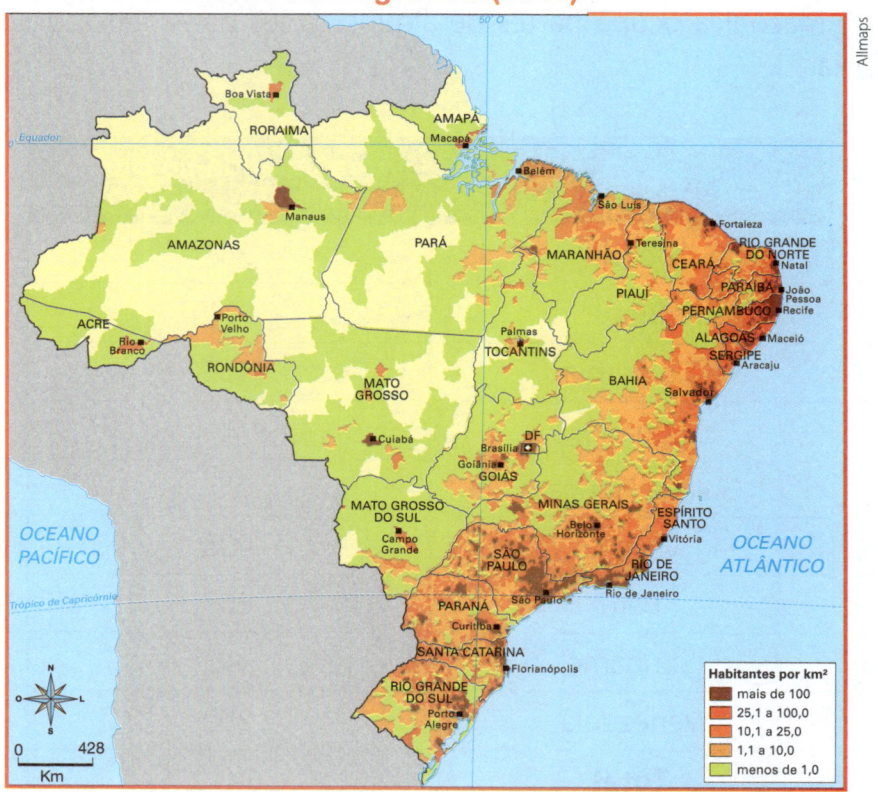

Habitantes por km²
- mais de 100
- 25,1 a 100,0
- 10,1 a 25,0
- 1,1 a 10,0
- menos de 1,0

Fonte: IBGE. Disponível em: <http://atlasescolar.ibge.gov.br/images/atlas/mapas_brasil/brasil_densidade_demografica.pdf>. Acesso em: 11 fev. 2014.

- Pinte de amarelo o quadro cuja frase se refere às informações transmitidas pelo mapa.

> A miscigenação (mistura de raças) brasileira é percebida, entre outros aspectos, na diversidade de características físicas da população.

> A população brasileira distribui-se de forma muito irregular pelo território brasileiro: enquanto algumas áreas são muito povoadas, outras apresentam um pequeno número de habitantes.

2. Encontre no diagrama os seis estados brasileiros mais populosos:

```
K H D M M H I F K I V R K E A D I
D O N R I O ▲ D E ▲ J A N E I R O
F G I T N D E ▲ D O T Õ H C D A O
E ▲ D O A A O P V R G A T A F N P
O A P U S Ã O ▲ P A U L O O P E S
B A D O ▲ G I C E X E U R Q C I G
R I O ▲ G R A N D E ▲ D O ▲ S U L
P U L A E A T G C M R O T A G F A
Ã ▲ L A R I P P V A S F S T I G D
O L T B A H I A Ó B O P E A R T E
D A G F I C Á R A D O ▲ D E I U Y
O G R U S ▲ D A L A X M E C R O W
T ▲ D E Ã L X N   F S N C N I P Z
U I T U O ▲ P Á V A S ▲ E A P A X
```

3. Compare as fotos a seguir:

Vista aérea do centro da cidade de São Paulo em São Paulo.

Praça na cidade de Brasileia no Acre.

a) As fotos mostram lugares específicos de dois estados brasileiros. Circule, nas legendas, o nome desses estados.

b) Por meio da comparação entre as duas fotos, fica claro qual dos dois estados apresenta maior densidade demográfica. Explique essa afirmação e indique qual é esse estado.

_____
_____
_____

4. Veja a letra de uma música que se tornou muito popular no Brasil, na Copa do Mundo de 1970:

> Noventa milhões em ação
> Pra frente Brasil
> Do meu coração
> Todos juntos vamos
> Pra frente Brasil
> Salve a Seleção
>
> De repente é aquela corrente pra frente
> Parece que todo o Brasil deu a mão
> Todos ligados na mesma emoção
> Tudo é um só coração!
> Todos juntos vamos
> Pra frente Brasil, Brasil
> Salve a Seleção
>
> PRÁ FRENTE BRASIL, Miguel Gustavo.
> ©1970 by Todamérica Edições Ltda., Sucessora de Melodias Populares.

a) Circule a quantidade de habitantes no Brasil em 1970.

b) Esse número mostra uma quantidade aproximada de habitantes no Brasil na década de 1970. De acordo com o gráfico "Evolução da população brasileira", na página 46, de acordo com o dado mais recente a letra da música seria alterada da seguinte maneira:

☐ Cento e vinte milhões em ação.

☐ Cento e setenta milhões em ação.

☐ Cento e noventa milhões em ação.

c) A ideia geral transmitida pela música é de:

☐ crescimento do país.

☐ união do povo brasileiro.

☐ aumento da população.

Unidade 3
O BRASIL E SEU POVO

Lição de casa 6

DATA: ____/____/____

1. Esta obra foi pintada por Candido Portinari e se chama **Mestiço**.

Cândido Portinari. 1934. Óleo sobre tela. Coleção particular. Reprodução autorizada por João Cândido Portinari

Para compor essa obra, Portinari usou como tema um mestiço gerado da mistura entre:

☐ brancos e negros.

☐ índios e brancos.

☐ índios e negros.

2. Complete adequadamente as frases sobre mestiços brasileiros.

a) Cafuzo é mistura de _____.

b) Caboclo ou mameluco é a mistura de _____.

3. Observe o gráfico a seguir:

População brasileira por etnia

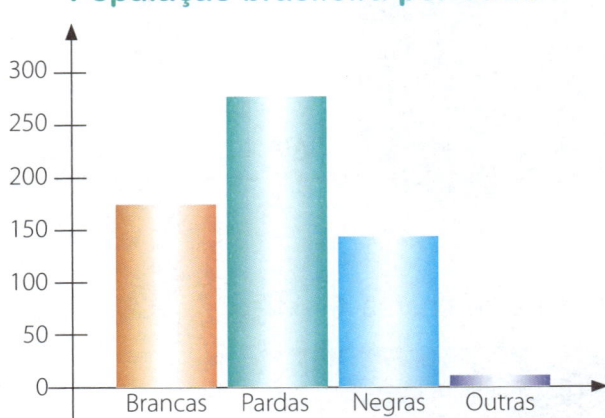

(gráfico de barras: Brancas ~175, Pardas ~280, Negras ~145, Outras ~10)

- Agora complete a frase:

De acordo com o gráfico, a maioria da população brasileira é parda, ou seja, origina-se da mistura entre _____ , _____ e _____ .

4. Herdamos muitas coisas dos povos que formaram a população brasileira. Veja as ilustrações e indique se trata-se de herança cultural de indígenas, africanos ou europeus e outros imigrantes.

_____   _____   _____

_____   _____   _____

_____   _____

Unidade 4 — O RELEVO BRASILEIRO

Lição de casa 7

DATA: _____ / _____ / _____

1. Veja a imagem a seguir:

Vista aérea do Pico do Jaraguá, em São Paulo. Foto de 2008.

Mateus mora em São Paulo e tem de fazer uma pesquisa sobre a altitude do Pico do Jaraguá, que é o ponto mais alto da cidade. Para fazer corretamente essa atividade, o garoto deverá pesquisar:

☐ a medida desde o solo da cidade de São Paulo até o topo do Pico.

☐ a medida desde o nível do mar até o topo do Pico.

Para você saber: a altitude do Pico do Jaraguá é de 1 135 metros.

2. Veja outros pontos bastante altos do relevo brasileiro e circule o de maior altitude.

O Pico da Bandeira, em Minas Gerais, tem 2 892 metros.

O Pico da Neblina, no Amazonas, tem cerca de 2 993 m.

O Pico das Agulhas Negras, em Minas Gerais, mede cerca de 2 791 m.

3. Encontre no diagrama as principais formas de relevo do Brasil:

D	J	N	E	B	V	A	T	F	E	R	U	B	G	D	O
A	P	L	A	N	Í	C	I	E	H	K	E	N	I	E	R
H	E	I	U	O	N	B	G	V	A	D	C	G	A	P	A
I	N	J	N	I	U	T	H	V	C	F	E	A	D	R	B
H	G	Z	K	N	T	N	A	O	J	H	H	G	V	E	O
A	L	A	O	U	H	G	V	F	C	F	S	E	I	S	Z
R	B	S	A	E	I	J	U	H	E	C	B	E	F	S	I
O	K	M	E	D	A	C	A	R	E	O	L	I	J	A	H
I	E	A	M	U	O	N	P	L	A	N	A	L	T	O	B
S	K	U	T	G	B	H	E	P	T	I	G	U	C	E	U

4. Agora escreva o nome dessas formas de relevo nos locais corretos da ilustração:

5. Pinte o mapa e a legenda de acordo com as informações:
- As planícies ocupam a menor parte do território brasileiro.
- As depressões ocupam quase todo o território do norte e do nordeste brasileiro.
- Os planaltos prevalecem mais no meio do Brasil.

Brasil: relevo

☐ Planaltos
☐ Planícies
☐ Depressões

Fonte: **ATLAS geográfico escobar**. 6. ed. Rio de Janeiro: IBGE, 2012.

Unidade 4 — O RELEVO BRASILEIRO

Lição de casa 8

DATA: _____ / _____ / _____

1. A natureza manifesta-se de várias maneiras:

a) Pinte a(s) figura(s) que mostra(m) como a natureza costuma manifestar-se no local onde você mora.

b) Agentes naturais como os acima podem causar uma das principais maneiras de transformação do relevo. Qual é?

_____

2. Veja as fotos e indique se a erosão foi causada por excesso de chuva, de sol ou de vento.

_____

_____

_____

_____

_____

_____

3. Veja o anúncio a seguir.

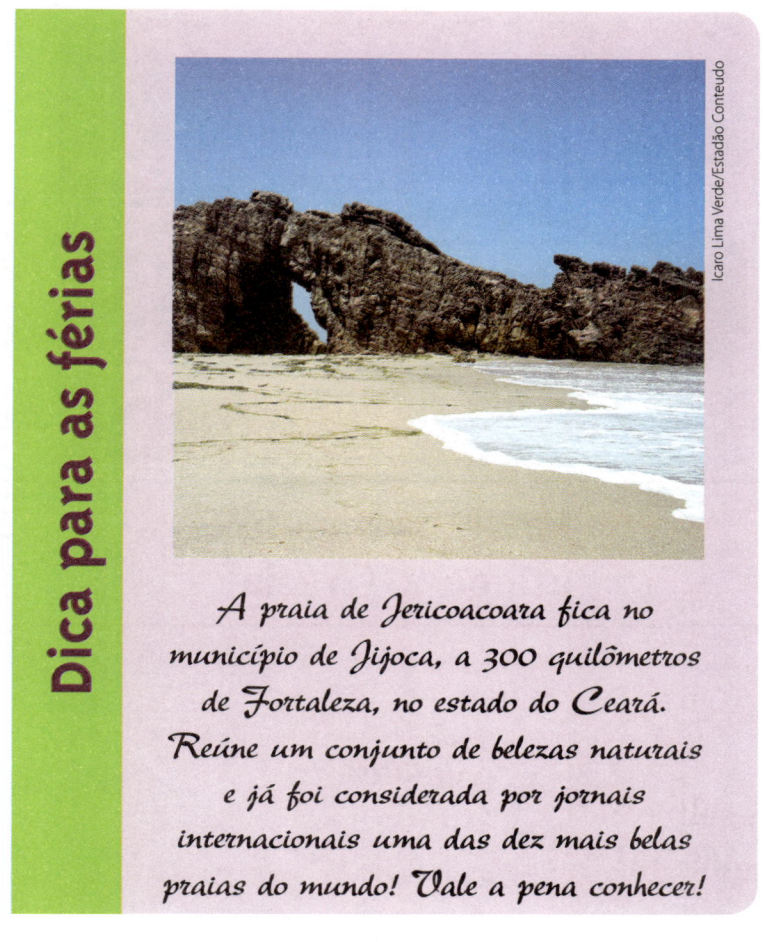

Dica para as férias

A praia de Jericoacoara fica no município de Jijoca, a 300 quilômetros de Fortaleza, no estado do Ceará. Reúne um conjunto de belezas naturais e já foi considerada por jornais internacionais uma das dez mais belas praias do mundo! Vale a pena conhecer!

- O texto do anúncio destaca as belezas naturais da praia de Jericoacoara. Para chamar a atenção do turista, foi colocada uma foto de uma escultura natural formada pela ação de quais elementos?

_____

4. E já que o assunto é passeio e belezas naturais, você já esteve em uma duna? As dunas são montes de areia que não são fixos, e podem **mudar** de formato e até de lugar.

As dunas sofrem alterações em razão da ação:

☐ das chuvas.

☐ do vento.

☐ do sol.

5. Leia as manchetes:

Forte terremoto atinge a Grécia

Chile suspende alerta de tsunami após terremoto

Conheça os cinco terremotos mais fortes do mundo

- Assinale a alternativa correta:

    ☐ Por causa do encontro e do atrito entre as placas tectônicas ocorrem terremotos.

    ☐ Os terremotos fazem que as placas tectônicas entrem em atrito.

6. Circule as ações do homem que podem modificar o relevo:

DESMATAMENTO

AGRICULTURA

TEMPESTADES

CONSTRUÇÕES

Unidade 5 — AS ÁGUAS DO TERRITÓRIO BRASILEIRO

Lição de casa 9

DATA: ____/____/____

1. Como já vimos, a água pode ser encontrada no território brasileiro em diferentes lugares. Leia a seguir alguns trechos da história **As crianças da água** e identifique qual se refere ao **oceano**, ao **rio** e ao **aquífero**.

> Para mim, a água é a época das chuvas [...]. Para mim, a água é a terra que bebe.

_____

> [...] As ondas escuras que morrem na areia [...]. Para mim, a água é uma estrela do mar.

_____

> Para mim, a água é a floresta imensa [...], minha canoa que desliza no meio da folhagem.

_____

Angèle Delaunois e Gérard Frischeteau. **As crianças da água**. Tradução de Alice Mesquita. São Paulo: Aquariana, 2006.

2. Encontre e circule no trecho a seguir o nome que se dá a grandes concentrações de água acumuladas em áreas mais baixas do terreno.

> Para mim, a água é uma certeza,
> A torneira que abro sem pensar,
> A banheira cheia de bolhas de sabão,
> A irrigação que faz reluzir o gramado verde,
> O lago das brincadeiras de férias...
> Para mim, a água é uma gargalhada.

Angèle Delaunois e Gérard Frischeteau. **As crianças da água**. Tradução de Alice Mesquita. São Paulo: Aquariana, 2006.

3. Assinale os aspectos que diferenciam uma lagoa de um lago.

☐ A profundidade das águas.

☐ O fato de um ser natural e o outro construído pelas pessoas.

☐ O fato de um só existir em épocas de chuva, ou seja, ser temporário.

☐ O fato de as águas de um serem predominantemente (a maior parte) doces.

4. Numere os quadros na ordem correta:

- Na ordem correta, o que representa a sequência de imagens acima?

_____
_____
_____
_____

5. No mapa abaixo, a parte em verde mostra uma grande reserva de água subterrânea. Observe e responda às questões.

Fonte: **ATLAS geográfico escolar**. 6. ed. Rio de Janeiro: IBGE. 2012.

a) A uma reserva de água subterrânea dá-se o nome de:

☐ lagoa.   ☐ represa.   ☐ aquífero.

b) Além do Brasil, que outros países da América do Sul esse reservatório abrange?
_____

c) A esse grande reservatório foi dado um nome indígena. Leia as opções abaixo e circule a mais adequada:

GUARANI   MACARRONADA   SHOPPING

Unidade 5 — AS ÁGUAS DO TERRITÓRIO BRASILEIRO

Lição de casa 10

DATA: _____ / _____ / _____

1. Isabel está com uma dúvida:

> BACIA HIDROGRÁFICA... POR QUE "BACIA"?

Dois amigos de Isabel deram a ela a resposta. Um respondeu-lhe corretamente, e o outro, não. Leia as respostas, pense a respeito e circule de amarelo a resposta **correta**.

> É BACIA HIDROGRÁFICA PORQUE TODOS OS RIOS DE UMA REGIÃO CABEM DENTRO DE UMA BACIA.

> É BACIA HIDROGRÁFICA PORQUE OS RIOS DE UMA REGIÃO (O PRINCIPAL E SEUS **AFLUENTES**) SE LOCALIZAM NUMA ÁREA DE TERRENO **MAIS BAIXA**, ASSEMELHANDO-SE A UMA GIGANTESCA BACIA.

- Relembrando o que aprendemos sobre relevo na unidade anterior:

    De acordo com a resposta correta acima, as bacias hidrográficas ficam **numa**

    ☐ depressão.   ☐ planície.

2. Analise o mapa:

Brasil: distribuição das águas

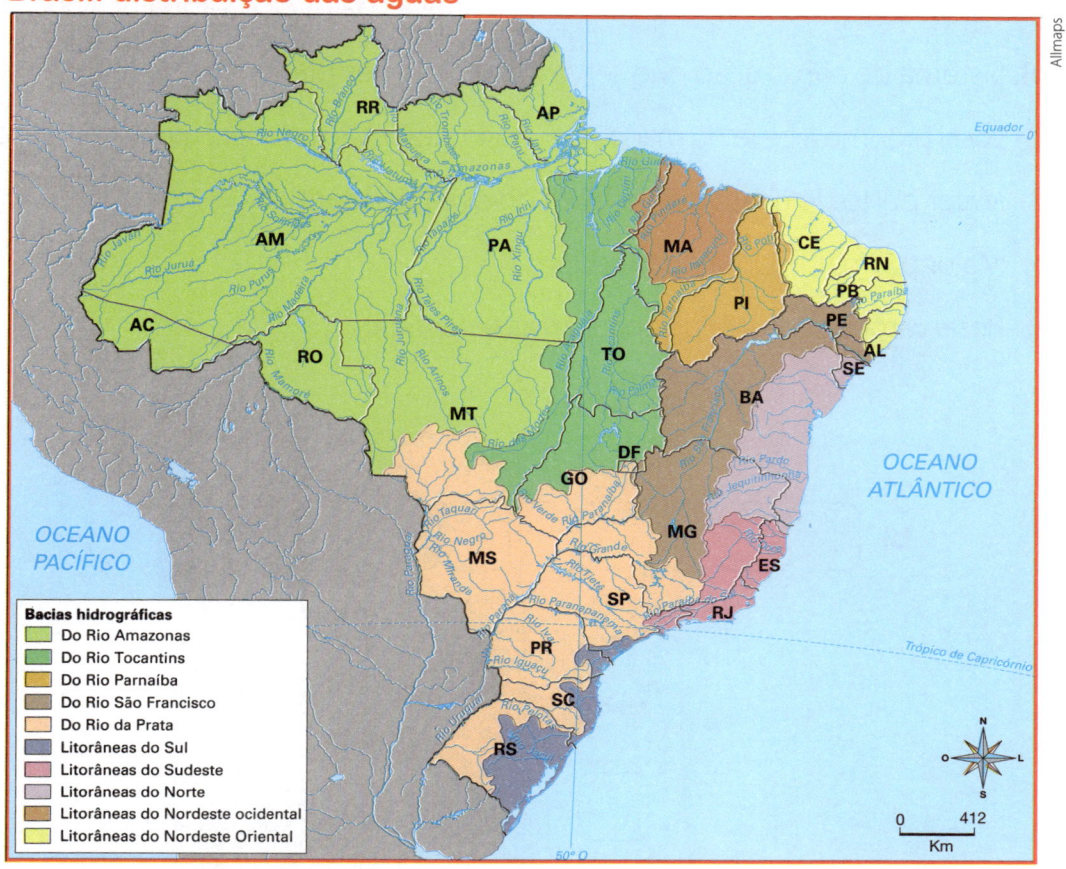

Fonte: **ATLAS geográfico escolar**. 6. ed. Rio de Janeiro: IBGE. 2012.

a) As linhas azuis do mapa representam:

☐ rios.

☐ oceanos.

☐ lagos.

b) Assinale a alternativa correta:

☐ O Brasil tem muitos rios e, por isso, muitas bacias hidrográficas.

☐ O Brasil tem poucos rios e, por isso, poucas bacias hidrográficas.

c) Qual é a maior bacia hidrográfica do Brasil?
_____

d) Que bacia(s) hidrográfica(s) abrange(m) o estado onde você mora?
_____

3. Palavras cruzadas.

   a) Usinas que produzem energia elétrica através da força da água dos rios.

   b) Sistema de construção que serve para molhar as plantações.

   c) Local próximo à beira do mar ou de um rio, destinado ao atracamento das embarcações.

   d) Maior porto de nosso país, à beira do oceano Atlântico.

   e) Maior porto flutuante do mundo.

   f) Reservatórios construídos para armazenar água.

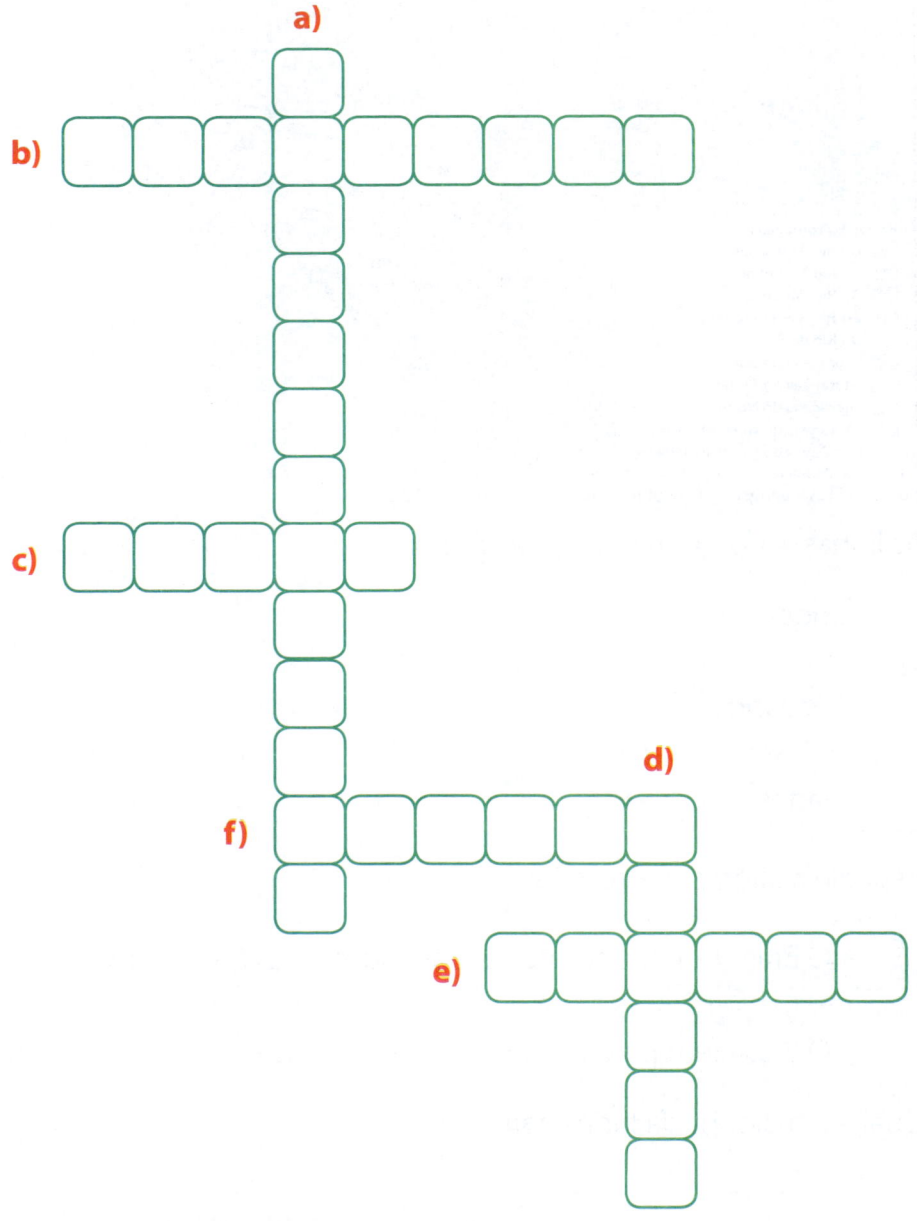

4. Que outro nome pode ser dado aos açudes?

_____

5. Na escola de Isabel os alunos do 4º ano deverão fazer cartazes sobre o dia da água. Vamos ajudá-la? Complete a data e continue escrevendo o que os cidadãos podem fazer para preservar a água do planeta.

Tomar banhos mais rápidos e ensaboar-se com o chuveiro fechado.

Ensaboar toda a louça com a torneira fechada.

Varrer a calçada em vez de lavá-la com a mangueira.

Fechar a torneira enquanto escova os dentes.

Passar um pano úmido na casa em vez de jogar água.

Lavar veículos com auxílio de balde e panos, em vez de utilizar a mangueira.

_____ de _____. Dia da Água

Medidas simples que muito ajudam a salvar o planeta!

- Tome banhos rápidos e se ensaboe com o chuveiro _____.
- Feche a torneira sempre que escovar _____.
- Varra a calçada em vez de lavá-la com a _____.
- Ensaboe a louça com a _____ fechada e abra-a para enxaguar tudo de uma vez.
- Limpe a casa com _____ em vez de jogar água no chão.
- Quando for lavar o carro, use _____ e _____ em vez de ligar a mangueira.

O planeta Terra agradece!

35

Unidade 6

O TEMPO ATMOSFÉRICO E O CLIMA

Lição de casa 11

DATA: _____ /_____ /_____

1. As duas paisagens a seguir são brasileiras. Observe-as e responda às questões.

   1

   2

   a) Que fenômenos naturais revelam como está o tempo em cada paisagem?
   _____
   _____

   b) Indique no quadradinho a paisagem:

   ☐ que demonstra temperatura mais alta.

   ☐ que demonstra temperatura mais baixa.

   c) Fenômenos naturais como o retratado na paisagem 1 podem desfavorecer:

   ☐ as montanhas.   ☐ os oceanos.   ☐ as plantações.

2. Leia e compare os trechos.

Chuva na plantação.
Que alegria!
Depois do sol forte rachando o chão,
chegou a chuva!
O solo, o mato...
Tudo enfim sorria!

Chuva forte no telhado
E encharcando todo o chão.
Tantos dias, tanto trabalho...
E agora adeus à plantação.

- Nos exemplos acima, a chuva causou alegria e tristeza. Essa variação de sentimentos ocorreu por causa

  ☐ da intensidade (força) e da quantidade de chuva.

  ☐ do tipo de plantação em cada caso.

  ☐ do frio que veio acompanhando a chuva.

3. Que efeitos prejudiciais a chuva forte, como a do segundo exemplo, pode causar em áreas urbanas?

_____
_____
_____

4. Os efeitos provocados pelas chuvas são também chamados de consequências. Explique a consequência boa comentada no trecho 1 do exercício 2.

_____
_____

5. Nas férias, Livia viajará para um lugar onde faz bastante frio. Já Carlos viajará para outro lugar, onde faz bastante calor. Escreva os itens abaixo nas colunas adequadas e ajude-os a arrumar as malas.

> casaco – cachecol – sunga – meias – bermuda – botas – chinelos – filtro solar – gorro – camisetas sem manga – blusas de manga comprida – calças grossas

_____   _____
_____   _____
_____   _____
_____   _____
_____   _____
_____   _____

6. Indique se as afirmativas são verdadeiras (**V**) ou falsas (**F**):

☐ As mudanças de temperatura fazem o ar se movimentar, o que gera o vento.

☐ Um vento muito forte também é chamado de brisa.

☐ Os ventos são necessários para movimentar barcos a vela.

☐ O termômetro é o objeto usado para medir temperaturas.

☐ Nenhum tipo de termômetro pode medir a temperatura do ar.

7. Dias de vento também são bons para uma brincadeira. Ligue os pontos e descubra qual é a brincadeira que pode ser feita nesses dias.

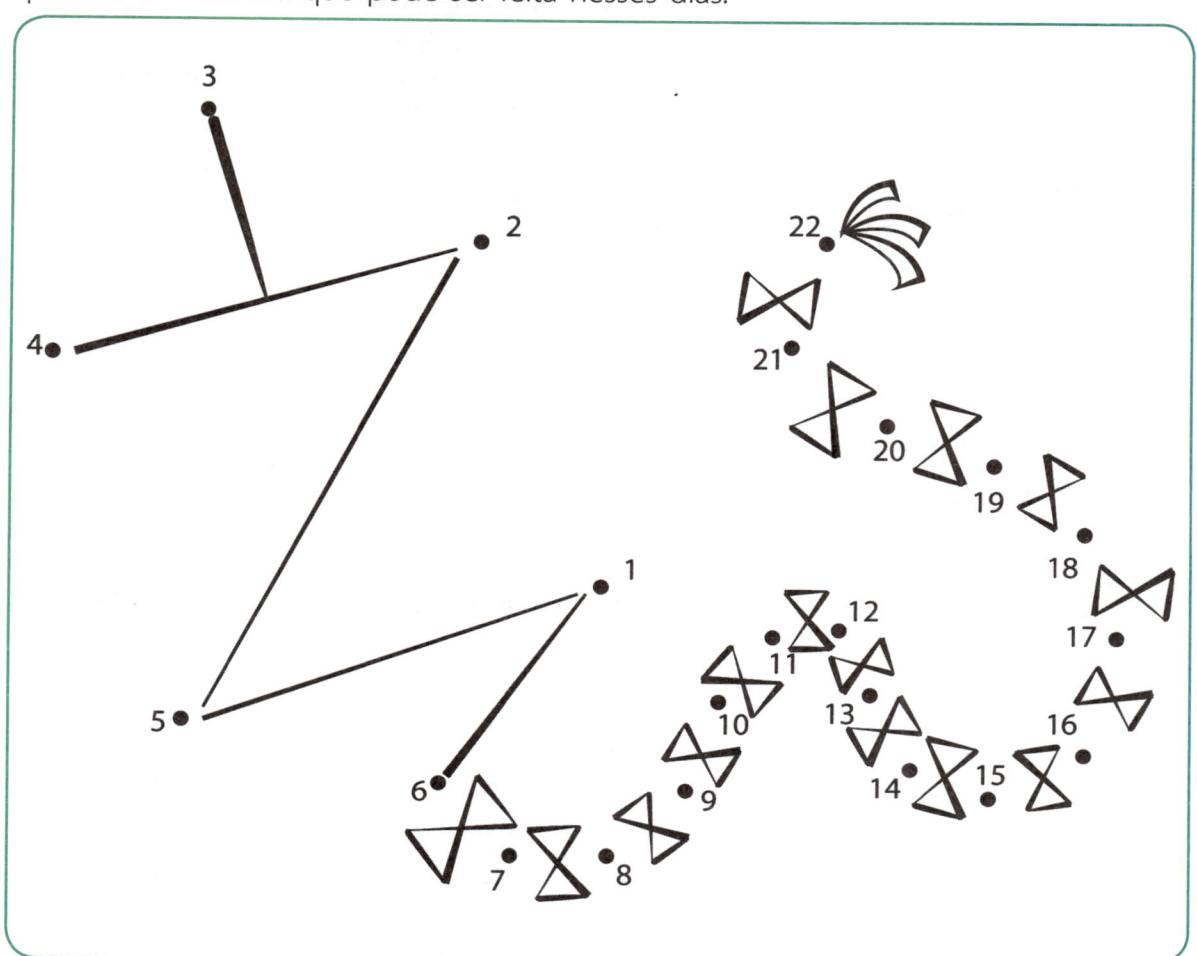

8. Observe a imagem a seguir e treine mais um pouco o que aprendeu.

a) Que fenômeno natural a palavra "cabrum" representa? _____

b) Complete a frase:

Os trovões podem ocorrer durante chuvas muito fortes, também chamadas de
_____.

Unidade 6 — O TEMPO ATMOSFÉRICO E O CLIMA

Lição de casa 12

DATA: ____/____/____

1. Leia:

> Moro num país tropical
> Abençoado por Deus
> E bonito por natureza
> Mas que beleza!
>
> JORGE BEN. **País tropical**. In: Jorge ben. Rio de Janeiro: Phillips, 1969. Faixa 5.

- De acordo com a letra da música, o Brasil

  ☐ localiza-se na zona mais bem iluminada e aquecida do planeta.

  ☐ localiza-se na zona menos iluminada e mais fria do planeta.

2. Nomeie, na ilustração abaixo, as zonas térmicas do planeta Terra.

Zonas térmicas da Terra

3. Na Copa do Mundo de 2014, algo preocupou a delegação da Inglaterra, que teria seus jogos realizados na arena de Manaus: a grande diferença entre o clima a que estão acostumados e o clima do norte do Brasil. Observe o mapa e explique o porquê dessa diferença de clima.

Brasil e Inglaterra: localização

Fonte: **ATLAS geográfico escolar**. 6. ed. Rio de Janeiro: IBGE. 2012.

_____
_____
_____
_____
_____
_____

4. Explique por que o Sol não ilumina a Terra uniformemente.

_____
_____
_____

5. Qual das alternativas abaixo tem duração de 1 ano? Assinale.

☐ Cursar todo o 4º ano.

☐ Tirar férias.

☐ Ir à praia no verão.

☐ Assistir a um filme.

6. Complete:

Pois é, um ano não passa tão rápido assim. Esse intervalo de tempo corresponde à duração de toda a volta que a Terra dá em torno do _____. A esse movimento do nosso planeta, dá-se o nome de _____.

7. No próximo ano, a família de Marina quer fazer uma viagem bacana para algum lugar do Brasil.

Porém eles ainda não decidiram para onde ir nem a data da viagem. Qual será a melhor época para viajarem, se quiserem ir para: (Informe as datas, de acordo com as estações do ano.)

- o Rio de Janeiro, aproveitar as praias maravilhosas e ficar bem bronzeados?
  _____
  _____

- as serras catarinense e gaúcha, onde as temperaturas podem ficar abaixo de 0 °C e pode até mesmo nevar?
  _____
  _____

8. O efeito estufa é muito semelhante a uma das situações abaixo. Observe-as com atenção e assinale a correta.

9. São consequências do aumento do efeito estufa no planeta:

☐ O derretimento das geleiras, que pode elevar o nível do mar e causar enchentes em cidades do litoral.

☐ A poluição.

☐ O risco de extinção de espécies animais e vegetais.

☐ Os desmatamentos e as queimadas.

10. Qual processo natural é intensificado pela ação humana conforme mostra a imagem a seguir.

_____

Unidade 7 — PLANTAS E ANIMAIS DO BRASIL

Lição de casa 13

DATA: _____ /_____ /_____

1. Veja o anúncio de uma agência de viagens:

MANAUS ESPETACULAR!

Pacote de 7 dias num dos melhores hotéis da Amazônia. Inclusos: café da manhã; passeio pelo rio Negro, com paradas para observação da vegetação local: a mata de igapó (que fica às margens do rio), com seus cipós e as belas vitórias-régias; almoço em restaurante típico, que serve pratos feitos com os variados tipos de peixes dos rios da região; visita ao Teatro Amazonas.

Consulte o nosso site!

- Encontre no anúncio:

a) um exemplo de flora.

_____

_____

b) um exemplo de fauna.

_____

_____

c) Circule no anúncio as figuras que representam a flora.

45

2. Já vimos que a flora e a fauna ajudam-se mutuamente. Escreva nas setas os benefícios que uma oferece à outra.

3. Que elementos naturais também ajudam na preservação da flora?

_____

_____

4. Então podemos concluir que:

☐ os elementos da natureza ajudam-se entre si para que possam continuar existindo.

☐ os elementos da natureza são uma ameaça uns aos outros.

☐ não há nenhuma relação entre os elementos da natureza.

5. Maltratar animais, sejam eles domésticos ou silvestres, é crime. Assinale as atitudes corretas:

6. Da notícia abaixo foi rasgado, sem querer, um pedaço. Leia-a com atenção e escreva na linha a palavra que falta para completar o texto adequadamente.

> **Presa quadrilha escondendo animais silvestres**
>
> Foram apreendidas na madrugada de ontem 36 gaiolas contendo papagaios, araras, periquitos e micos-leões-dourados, além de outras aves raras da flora brasileira. A quadrilha foi presa em flagrante quando terminava de carregar um caminhão com as gaiolas.
>
> Apesar dessa prisão, acredita-se que ainda há outras quadrilhas agindo, principalmente na Mata Atlântica. Caso haja alguma suspeita, entre em contato com o órgão do governo responsável pela preservação ambiental, ou seja, o _____.

a) Que tipo de crime a quadrilha da notícia estava praticando quando foi presa?

b) De acordo com a notícia, em que vegetação nativa do Brasil pode haver mais quadrilhas cometendo esse tipo de crime?

c) Cite os outros tipos de vegetação nativa do Brasil.

Unidade 7 — PLANTAS E ANIMAIS DO BRASIL

Lição de casa 14

DATA: _____ / _____ / _____

1. Para adequar o ambiente às suas necessidades, os seres humanos modificaram a paisagem natural. Cite exemplos do que eles construíram no lugar da vegetação nativa.

_____
_____
_____
_____

- Apesar de serem úteis aos seres humanos, essas mudanças

  ☐ são a causa da destruição de boa parte da vegetação natural.

  ☐ são a consequência (o resultado) da destruição de boa parte da vegetação natural.

2. Sobre a afirmação abaixo, leia e escreva nas linhas **pontos positivos** e **pontos negativos**.

O progresso é importante para o crescimento do país e para a melhoria de vida dos cidadãos.

Pontos positivos

_____
_____
_____
_____

Pontos negativos

_____
_____
_____
_____

3. Analise o mapa e os gráficos sobre a vegetação brasileira.

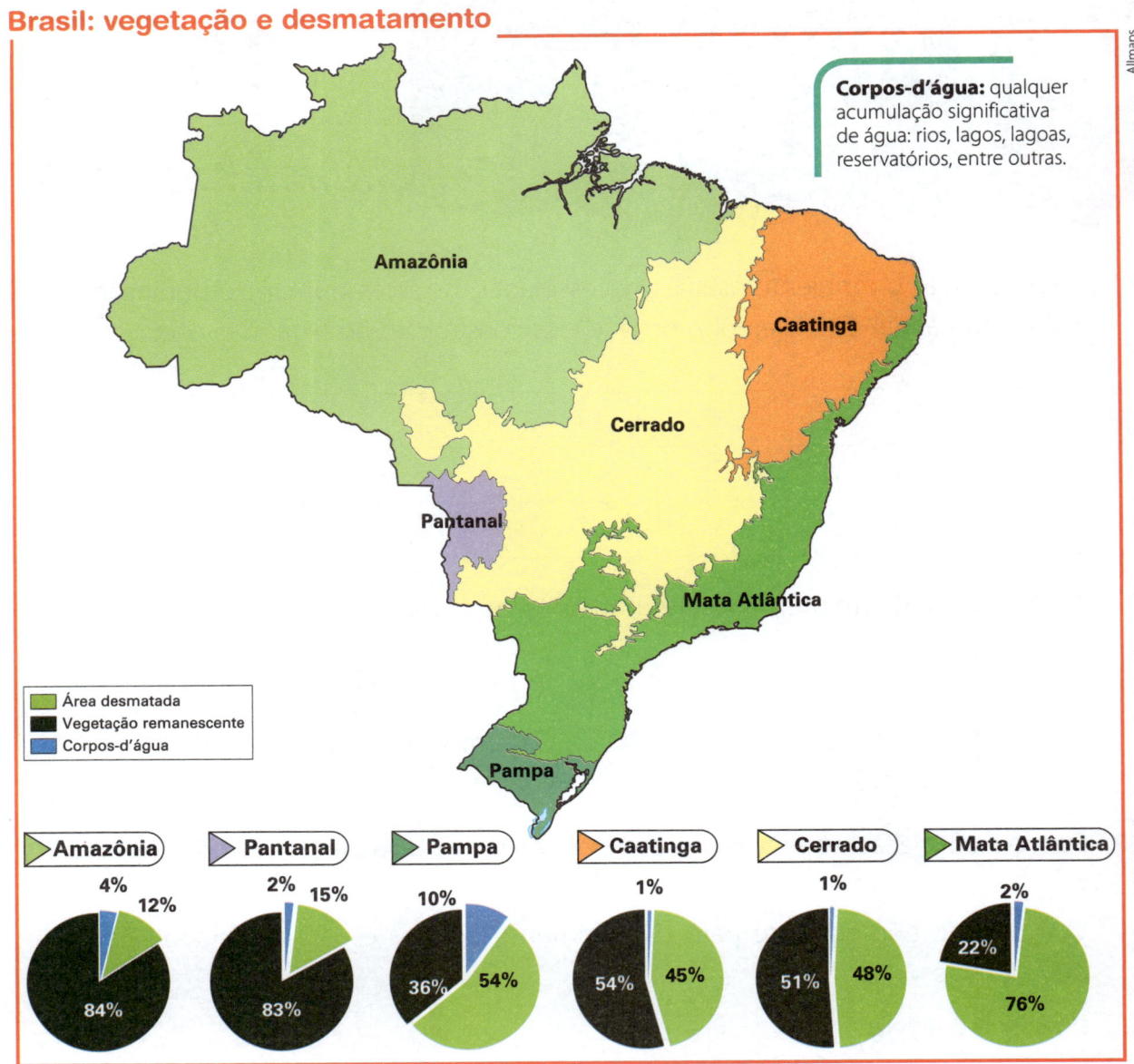

Brasil: vegetação e desmatamento

Corpos-d'água: qualquer acumulação significativa de água: rios, lagos, lagoas, reservatórios, entre outras.

Legenda do mapa:
- Área desmatada
- Vegetação remanescente
- Corpos-d'água

Vegetações no mapa: Amazônia, Caatinga, Cerrado, Pantanal, Mata Atlântica, Pampa.

Gráficos (desmatada / remanescente / corpos-d'água):
- **Amazônia:** 12% / 84% / 4%
- **Pantanal:** 15% / 83% / 2%
- **Pampa:** 54% / 36% / 10%
- **Caatinga:** 45% / 54% / 1%
- **Cerrado:** 48% / 51% / 1%
- **Mata Atlântica:** 76% / 22% / 2%

Fonte: **ATLAS geográfico escolar**. 6. ed. Rio de Janeiro: IBGE. 2012.

a) Que vegetação brasileira foi mais devastada?

_____

b) Quais são as duas mais preservadas?

_____

c) Considerando sua resposta anterior, existe relação entre o tamanho da vegetação e sua preservação? Assinale a alternativa que responde corretamente:

☐ Sim, pois as duas vegetações mais preservadas são as maiores do Brasil.

☐ Não, pois a vegetação do Pantanal ocupa uma área menor em relação às outras.

Unidade 8 — AS ATIVIDADES ECONÔMICAS NO BRASIL

Lição de casa 15

DATA: _____ /_____ /_____

1. Leia e responda às questões:

> Para calar a boca: **rícino**
> Para lavar a **roupa**: Omo
> Para viagem longa: **jato**
> Para difíceis contas: **calculadora**
> Para o **pneu** na lona: jacaré
> Para a pantalona: **nesga**
> Para pular a onda: litoral
> Para **lápis** ter ponta: apontador
> Para o Pará e o Amazonas: **látex**
> Para parar na Pamplona: Assis
> Para trazer à tona: homem-rã
> Para a melhor **azeitona**: Ibéria
> Para o presente da noiva: marzipã
> Para Adidas: o Conga nacional
> Para o outono, a folha: exclusão
> Para embaixo da sombra: **guarda-sol**
>
> NANDO REIS. Diariamente. In: Marisa Monte. **Mais**. Rio de Janeiro: EMI, 1991. Faixa 9.

Rícino: planta de cujas sementes se extrai óleo de rícino, de sabor desagradável.
Nesga: pedaço de pano.
Homem-rã: mergulhador.
Marzipã: espécie de massa para fazer artesanato.
Jato: avião muito veloz.
Conga: calçado de tecido com sola de borracha.

a) Das palavras em destaque no texto acima, indique as que exemplificam:
- Matérias-primas obtidas pelo setor primário.
  _____
- Produtos industrializados pelo setor secundário.
  _____

b) Que setor da economia comercializa esses produtos, ou seja, faz com que eles cheguem à população? _____

Trabalhando com gráficos

2. O gráfico a seguir mostra como são utilizadas as terras na zona rural brasileira, ou seja, fora das cidades.

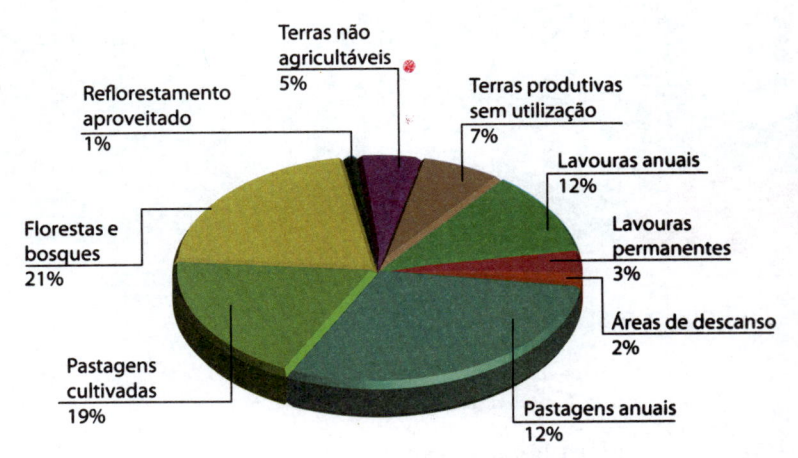

- Terras não agricultáveis 5%
- Reflorestamento aproveitado 1%
- Terras produtivas sem utilização 7%
- Lavouras anuais 12%
- Lavouras permanentes 3%
- Florestas e bosques 21%
- Áreas de descanso 2%
- Pastagens cultivadas 19%
- Pastagens anuais 12%

Fonte: AMBIENTE BRASIL. Disponível em: <http://gerencia.ambientebrasil.com.br/midia/imagens/1320.gif>. Acesso em: 16 ago. 2014.

a) Que terras, das citadas no gráfico, podem ser utilizadas no programa da reforma agrária?

_____

b) São duas consequências favoráveis da reforma agrária:

☐ O desmatamento.

☐ A oferta de emprego ao trabalhador rural.

☐ O crescimento da produção agrícola do país.

3. De acordo com o gráfico, numere os setores da economia, do mais praticado para o menos praticado.

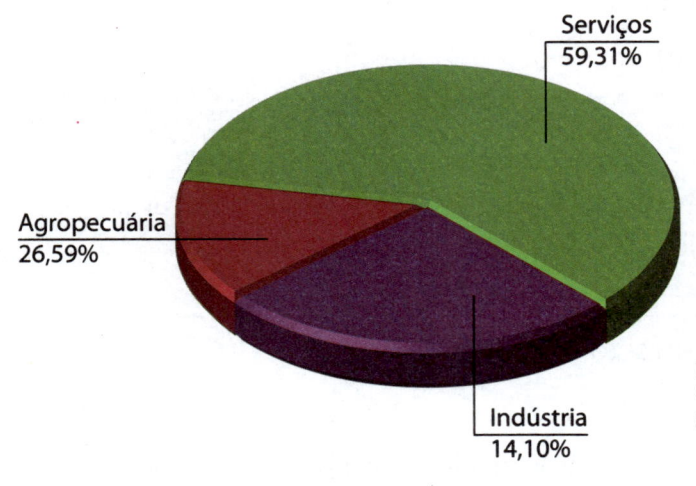

- Serviços 59,31%
- Agropecuária 26,59%
- Indústria 14,10%

Fonte: GOVERNO DE GOIÁS. Secretaria de Estado de Gestão e Planejamento. Disponível em: <http://www.seplan.go.gov.br/sepin/img/visao3.jpg>. Acesso em: 16 ago. 2014.

☐ primário   ☐ secundário   ☐ terciário

Unidade 8 — AS ATIVIDADES ECONÔMICAS NO BRASIL

Lição de casa 16

DATA: _____ / _____ / _____

1. Observe a ilustração e complete o texto adequadamente.

Para preparar um delicioso sanduíche como o que aparece na imagem, as atividades econômicas dos três setores da economia tiveram importante participação. A carne do hambúrguer, por exemplo, veio da pecuária, que faz parte do setor _____, e teve de ser industrializada (entra aí o setor _____). Todo o transporte foi feito por um motorista de caminhão, que é um exemplo de trabalhador do setor _____.

Outros produtos do sanduíche provenientes do setor primário são a _____ e o _____.

Já o pão e o queijo são produtos _____, ou seja, provenientes do setor secundário.

Na imagem aparecem dois prestadores de serviço: o atendente e o cozinheiro. Eles, e também a própria lanchonete, representam o trabalho do setor _____.

53

2. Que delícia é o bolo de fubá quentinho! Mas como essa delícia chega à mesa da nossa casa? Tudo começa na plantação de milho, lá no setor primário. Siga o labirinto corretamente e conheça os passos dessa produção.

Unidade 9 — A DIVERSIDADE CULTURAL BRASILEIRA

Lição de casa 17

DATA: ____ / ____ / ____

1. Brasil, uma saladinha de culturas.
Circule a ilustração que melhor representa a frase acima:

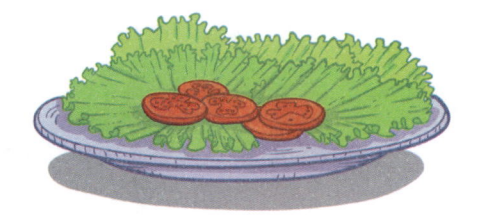

- Na frase anterior, a palavra "saladinha" foi usada

  ☐ para indicar a mistura de várias culturas diferentes que existem no Brasil.

  ☐ para indicar que está na hora do almoço.

2. Que povos ajudaram a formar a diversidade cultural do Brasil?

_____

_____

- Pinte-os.

3. Observe as fotos:

a) Essas fotos mostram:

☐ Diferentes festas populares brasileiras.

☐ Uma mesma festa popular em diferentes lugares do Brasil.

b) Que festa popular foi retratada acima?
_____

c) Como as pessoas da sua cidade ou do seu bairro festejam o Carnaval?
_____
_____

d) O Carnaval, além de ser a maior festa popular brasileira, também é festejado de diferentes maneiras pelo país afora. Isso é um exemplo de que

☐ o Brasil é um país muito diversificado culturalmente.

☐ no Brasil existem poucos tipos de festas populares.

4. Encontre no diagrama oito ritmos da música popular brasileira.

F	R	E	V	O	G	Y	J	A	I	C
O	F	L	P	F	E	W	Y	X	U	H
R	N	S	E	R	T	A	N	E	J	O
R	H	A	H	G	F	T	R	E	S	R
Ó	G	M	A	R	A	C	A	T	U	O
X	O	B	U	Y	S	R	H	D	L	A
M	P	A	P	J	G	R	T	U	F	P
Z	B	O	S	S	A	–	N	O	V	A

5. Dos ritmos encontrados, qual está sendo representado pela ilustração abaixo? Dica: é um dos mais famosos, conhecido em quase todo o mundo.

_____

Mara D. Toledo. 2005. Óleo sobre tela. Galeria Jacques Ardies, São Paulo

6. A cantiga a seguir faz parte da cultura brasileira. Complete as lacunas com o nome do ritmo mais famoso do Brasil.

_____ Lelê está doente
Está com a cabeça quebrada
_____ Lelê precisava
É de umas boas palmadas
_____, _____, _____, ô Lelê
_____, _____, _____, ô Lalá
Pisa na barra da saia, ô Lalá

Cantiga popular.

7. Ligue os pontos e descubra um objeto que é usado na dança de um ritmo muito popular em Pernambuco, no Nordeste do Brasil.

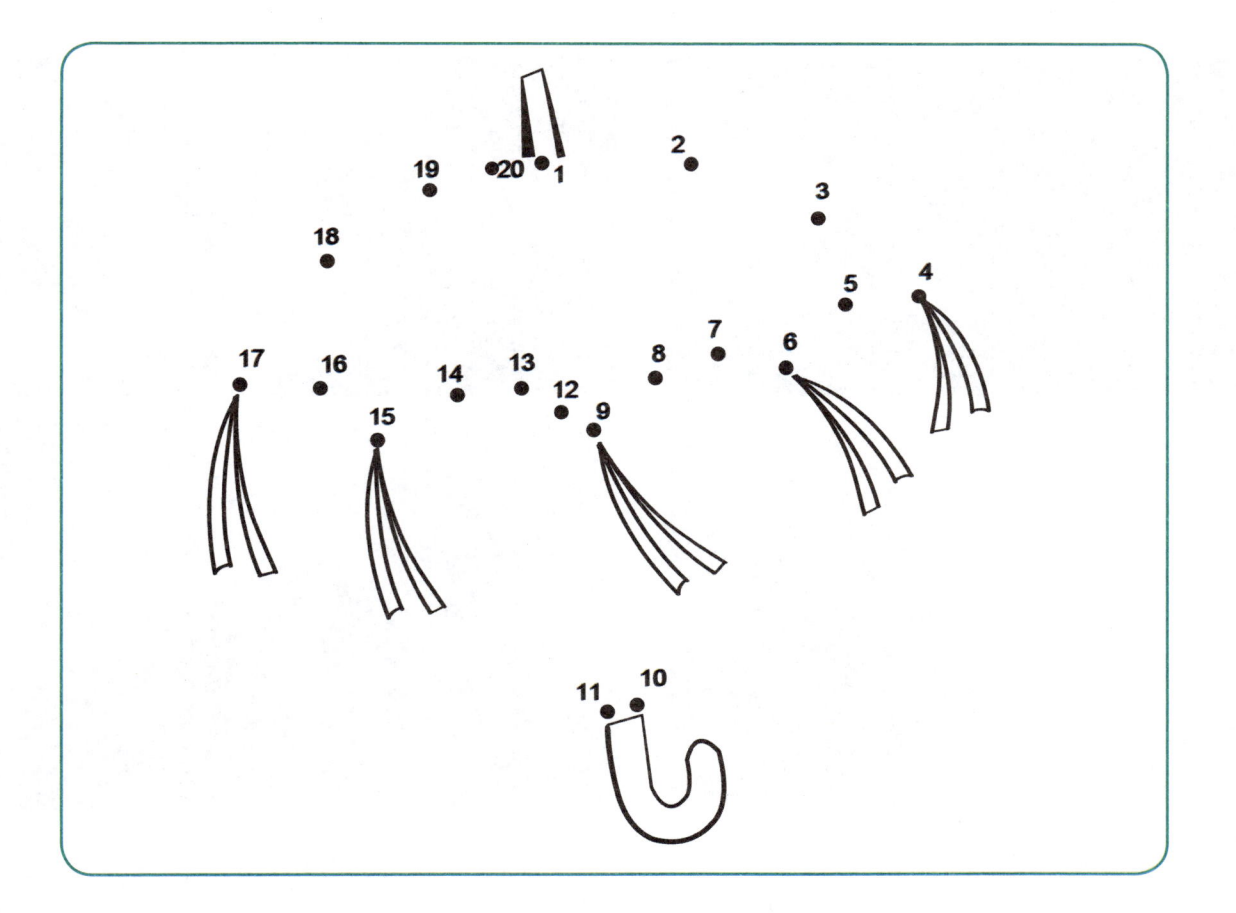

- Descobriu qual é o ritmo que se dança com um guarda-chuva na mão? Leia o trecho abaixo e sublinhe-o.

> E o frevo que é pernambucano, ui, ui, ui, ui
> Sofreu ao chegar na Bahia, ai, ai, ai, ai
> Um toque, um sotaque baiano, ui, ui, ui, ui
> Pintou uma nova energia, ai, ai, ai, ai

8. Com base nas imagens a seguir responda qual é uma das principais características da cultura brasileira.

_____
_____
_____

Unidade 9 — A DIVERSIDADE CULTURAL BRASILEIRA

Lição de casa 18

DATA: _____/_____/_____

1. Na Festa das Nações do Colégio Monteiro Lobato, os alunos do 4º ano deverão organizar a barraca com comidas típicas brasileiras. Mas alguns alunos do grupo cometeram alguns enganos. Risque os pratos que não deveriam fazer parte da barraca brasileira.

2. Os alunos do 4º ano também tiveram de organizar brincadeiras típicas brasileiras. Veja as brincadeiras que eles organizaram e nomeie-as.

3. Você já brincou de batata quente? No Pará (um dos estados do Brasil) as crianças brincam de algo bem parecido, mas o nome é passa-castanha. Aprenda e brinque com seus amigos.

> Sentadas numa roda, as crianças cantam enquanto passam uma castanha umas às outras, sem que a criança do centro da roda veja:
>
> "Castanha ligeira,
>
> que veio do Pará.
>
> No meio da roda,
>
> ninguém te achará."
>
> Se a criança do centro adivinhar com quem está a castanha, troca de lugar com o colega e a brincadeira continua.
>
> Flavia Muniz e Márcia Kupstas. **Sabores incríveis**. São Paulo: Melhoramentos, 2012. p. 23.

- Pinte no mapa do Brasil o lugar onde essa brincadeira é comum.

Brasil: divisão política

Fonte: **ATLAS geográfico escolar**. 6. ed. Rio de Janeiro: IBGE. 2012.

4. Existem diversas brincadeiras na cultura brasileira. Uma delas os adultos costumam fazer com as crianças pequenas; é um jogo de perguntas e respostas. Complete as falas, copiando, do quadro abaixo, as respostas que estão faltando. Mas cuidado: elas não estão em ordem. Preste atenção às perguntas.

> O fogo queimou – Foi carregar o trigo – Foi pro ninho botar ovo – O boi bebeu – Foi pro mato

— Cadê o toucinho que estava aqui?

— O gato comeu.

— Cadê o gato?

— _____

— Cadê o mato?

— _____

— Cadê o fogo?

— A água apagou.

— Cadê a água?

— _____

— Cadê o boi?

— _____

— Cadê o trigo?

— A galinha espalhou.

— Cadê a galinha?

— _____

Ziraldo e Gustavo Luiz. **O livro dos jogos, brincadeiras e bagunças do Menino Maluquinho**.
São Paulo: Melhoramentos, 2011. p. 9.

Impresso no Parque Gráfico da Editora FTD
Avenida Antonio Bardella, 300
Fone: (0-XX-11) 3545-8600 e Fax: (0-XX-11) 2412-5375
07220-020 GUARULHOS (SP)

Noções de cartografia

Mirna Lima

Licenciada em História e Mestre em História Social pela Universidade de São Paulo.
Professora do Ensino Fundamental nas redes pública e privada do estado de São Paulo.
Professora de Teoria e Prática de Ensino de História e Geografia de universidades privadas do estado de São Paulo.

PORTA Aberta

Geografia

EDIÇÃO RENOVADA

4

FTD

1ª edição
São Paulo – 2014

FTD

Coleção Porta Aberta – Edição renovada – 4º ano – Geografia
Copyright © Mirna Lima, 2014

Diretor editorial
Lauri Cericato

Gerente editorial
Rosa Maria Mangueira

Editora
Débora Lima

Editora Assistente
Welington Santos

Assistentes de produção
Ana Paula Iazzetto
Lilia Pires

Assessora editorial
Rita Sirlene Gonçalez

Assistentes editoriais
Claudia Casseb Sandoval
Silvia Elena Pedroso de Souza
Vanessa Oliveira Gomes Macedo

Gerente de produção editorial
Mariana Milani

Coordenador de produção
Caio Leandro Rios

Coordenadora de preparação e revisão
Lilian Semenichin

Supervisora de preparação e revisão
Sandra Lia Farah

Preparador
Renato A. Colombo Jr.

Revisoras
Desirée Araújo
Sirlei S. Panochia

Coordenador de arte
Eduardo Evangelista Rodrigues

Editor de arte, projeto gráfico e capa
Fabiano dos Santos Mariano

Diagramadores
José Aparecido Amorim da Silva
Laura Alexandra Pereira

Tratamento de imagens
Ana Isabela Pithan Maraschin
Eziquiel Racheti

Ilustrações
Ilustrarte

Marco A. Cortez

Iconografia
Supervisão
Célia Maria Rosa de Oliveira

Pesquisadora
Ana Stein

Diretor de operações e produção gráfica
Reginaldo Soares Damasceno

Reprodução proibida: Art. 184 do Código Penal e
Lei 9.610 de 19 de fevereiro de 1998.
Todos os direitos reservados.

EDITORA FTD S.A.
Matriz: Rua Rui Barbosa, 156 – Bela Vista – São Paulo – SP
CEP 01326-010 – Tel.: (0-XX-11) 3598-6000
Caixa Postal 65149 – CEP da Caixa Postal 01390-970
www.ftd.com.br – E-mail: ensino.fundamental1@ftd.com.br

As atividades deste caderno vão ajudá-lo a relembrar e reforçar seus conhecimentos sobre cartografia.

Sumário

1. ORIENTAÇÃO   4
2. CARTOGRAFAR A REALIDADE: OS MAPAS MENTAIS   6
3. AS FOTOGRAFIAS E OS PONTOS DE VISTA   8
4. O CROQUI   9
5. AS QUADRÍCULAS   10
6. A PLANTA   11
7. A LEGENDA   12
8. A ESCALA   13
9. O MAPA   14

1. ORIENTAÇÃO

Os pontos de referência na paisagem ajudam as pessoas a se localizarem no espaço. Geralmente são as próprias pessoas que fazem a escolha desses pontos. Outras vezes, os pontos de referência são aqueles de maior importância num determinado espaço geográfico por serem conhecidos pela maioria das pessoas que ali circulam.

Vista aérea do Cristo Redentor, na cidade do Rio de Janeiro. Foto de 2012. Sergio Israel/Pulsar

Vista do Farol da Barra na cidade de Salvador. Foto de 2013. Mauro Akin Nassor/Fotoarena/Folhapress

Catedral da Sé e o Marco Zero da cidade de São Paulo. Foto de 2003. Fabio Colombini

4

1. Que pontos de referência você escolheria nos lugares das fotos da página ao lado? Circule-os.

Há outros pontos de referência que também ajudam na nossa orientação. São os **pontos cardeais**.

Eles estão relacionados à posição do Sol. O melhor horário do dia para nos orientarmos por meio deles é ao amanhecer, quando o Sol pode ser visto no horizonte.

Os pontos cardeais são pontos fixos.

2. Observe a ilustração de um bairro ao amanhecer e complete as frases.

a) O Sol e a _____ estão a _____ da praça.

b) Para a criança comprar um livro, saindo do centro da praça, ela precisa seguir para a direção _____.

c) Uma das construções ao sul da praça é o _____.

d) A escola está a _____ da criança no centro da praça.

Janjão

Para nos localizarmos a qualquer hora do dia ou da noite, podemos usar a **bússola**, um instrumento que possui uma agulha imantada que indica os pontos cardeais e colaterais.

Manoel Novaes

Hoje em dia, a tecnologia aplicada na produção cartográfica, ou seja, nas representações espaciais, é muito difundida e popular. Podemos, por exemplo, acessar, por meio da internet ou de aplicativos de celulares, um sistema chamado **GPS** (Global Position System), que fornece informações exatas da nossa posição na superfície terrestre.

Rafael Hupsel/Folhapress

5

2. CARTOGRAFAR A REALIDADE: OS MAPAS MENTAIS

É possível representar lugares em tamanho bem menor do que eles são na realidade. Podemos fazer isso de diferentes maneiras. Um desenho, por exemplo, é uma representação em que usamos lembranças guardadas na nossa memória. Nesse caso, fazemos um **mapa mental**.

Vinícius Santos Nascimento

Vitor Augusto Santos Nascimento

1. Faça um mapa mental do trajeto que você percorre da sua casa até a escola. Se for muito distante, represente o caminho a partir de um ponto de referência importante, mais próximo à escola.

3. AS FOTOGRAFIAS E OS PONTOS DE VISTA

As fotografias também são representações da realidade.

De acordo com a posição em que o observador se coloca, as fotografias podem ser obtidas de diferentes pontos de vista.

O fotógrafo pode captar uma imagem, posicionado bem de frente para um detalhe de um lugar. É a visão frontal.

O fotógrafo pode obter uma imagem de determinado lugar, posicionando-se em um ponto mais elevado e de lado em relação a esse local. É a visão oblíqua.

A imagem também pode ser obtida com o observador posicionado do alto, vendo o lugar de cima para baixo, como na visão vertical.

Paulo Nilson

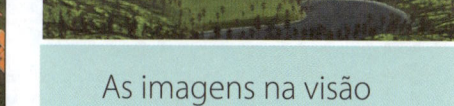

As imagens na visão vertical são obtidas por meio de aparelhos instalados em aviões ou helicópteros e também de *drones*, que são aeronaves não tripuladas. Elas são chamadas **imagens** ou **fotografias** aéreas.

1. Observe as imagens e escreva de que ponto de vista elas foram obtidas:

A Olga Leiria/Olhar Imagem
Edifício da Universidade Estadual de Londrina, Paraná, 2011.
Visão: _____

B Ernesto Reghran/Pulsar
Vista aérea de condomínio da cidade de Londrina, Paraná, 2011.
Visão: _____

C Cassio Vasconcellos/SambaPhoto
Vista aérea de trecho da cidade de São José dos Campos, 2005.
Visão: _____

8

4. O CROQUI

É possível fazer uma representação de um lugar por meio de um esboço, ou seja, de um traçado simplificado desse lugar. Essa representação de modo simplificado também pode ser obtida a partir de uma foto. Esse tipo de representação é chamada **croqui de paisagem**.

1. Veja o croqui representado a partir da fotografia.

FOTOGRAFIA

Olga Leiria/Olhar Imagem

CROQUI

Janjão

Edifício da Universidade Estadual de Londrina, Paraná, 2011.

2. Agora é a sua vez! Escolha uma das fotos da página ao lado para fazer um croqui em seu caderno.

9

5. AS QUADRÍCULAS

Observe que a fotografia aérea ao lado está dividida por uma malha quadriculada, com indicações de letras e números. São as chamadas **quadrículas alfanuméricas**.

Elas fornecem as coordenadas para a localização de algo na planta.

1. Observando a fotografia aérea, localize e indique a(s) quadrícula(s):

a) de onde é possível observar o mar;

_____

b) onde há mais construções.

_____

c) onde há uma quadra de esportes.

_____

Visão vertical de praia e construções em João Pessoa, Paraíba, 2005.

Marcos Issa/Argosfoto

6. A PLANTA

A **planta** é uma representação em que se respeitam as distâncias e a disposição dos lugares exatamente como existem na realidade. As cores e as formas dos elementos reais são representadas por símbolos, traços e cores. Veja a cor cinza da planta. Ela representa os quarteirões que aparecem na foto.

Rubens Chaves/Folhapress

São Paulo – Planta parcial

All Maps

1. Complete as frases indicando o tipo de imagem.

   a) A planta é da cidade de _____.

   b) A fotografia é uma imagem _____.

2. Faça o que se pede.

   a) Qual é o nome da cidade de onde a foto foi tirada?

   _____.

   b) Localize e circule, tanto na planta como na foto, a Avenida Nazaré.

   c) Na planta, marque um X na área que representa o prédio do Museu do Ipiranga. Agora, localize-o na fotografia.

7. A LEGENDA

As plantas apresentam *convenções cartográficas* que permitem a qualquer pessoa interpretá-las. A legenda é uma delas.

Na legenda usam-se símbolos, traços e cores que representam elementos da realidade.

① Símbolos ② Traços ③ Cores

1. Identifique os tipos de legenda e faça a associação.

Mapa político
- ◆ Capital do país
- ◉ Capital de estado
- • Principais cidades

Limites e vias de acesso
- — Limite municipal
- — Principais rodovias
- ⊢⊣ Principais ferrovias

Relevo
Altitude (em metros)
- 800
- 500
- 200
- 0

Mapa de densidade demográfica (população)
Habitantes por km²
- Mais de 100
- 25 a menos de 100
- 10 a menos de 25
- 1 a menos de 10
- Menos de 1

Fontes de energia
- ⚡ Principais usinas hidrelétricas
- ⬤ Áreas produtoras de carvão mineral
- ☢ Usina nuclear
- ✦ Principais termelétricas

Energia e comunicação
- — Linhas de transmissão de energia
- — Redes de internet
- — Principais oleodutos e gasodutos
- — Hidrovias

8. A ESCALA

Um espaço da realidade é sempre reduzido quando representado no papel. É a escala que indica a relação entre as distâncias no papel e as distâncias reais do lugar que foi representado, ou seja, quantas vezes uma realidade foi reduzida em uma folha de papel. Veja quantas vezes o tamanho dos quarteirões de um bairro foi reduzido para que pudéssemos representá-los.

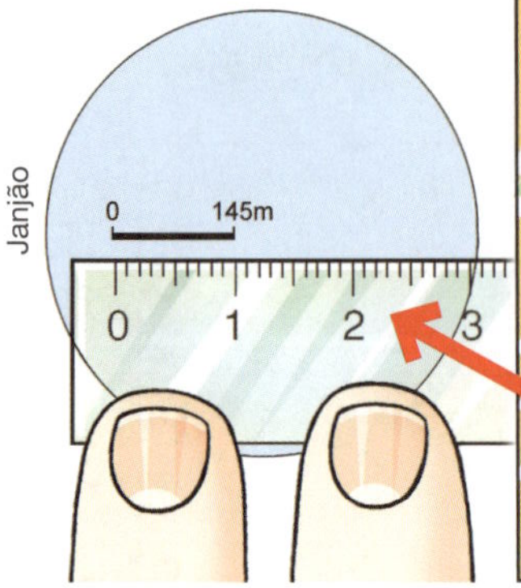

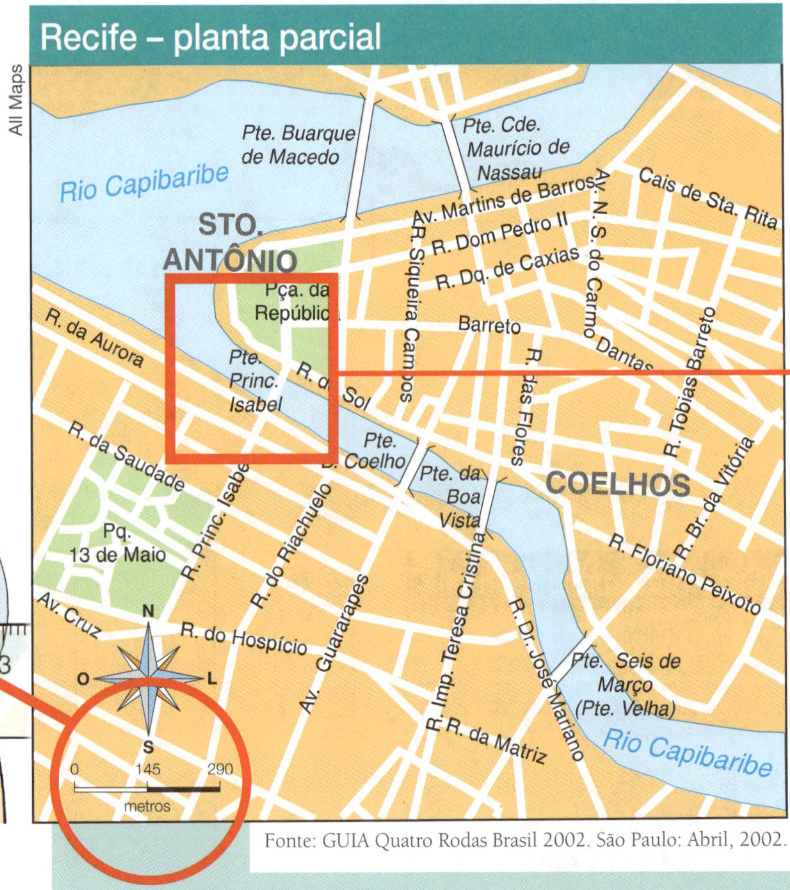

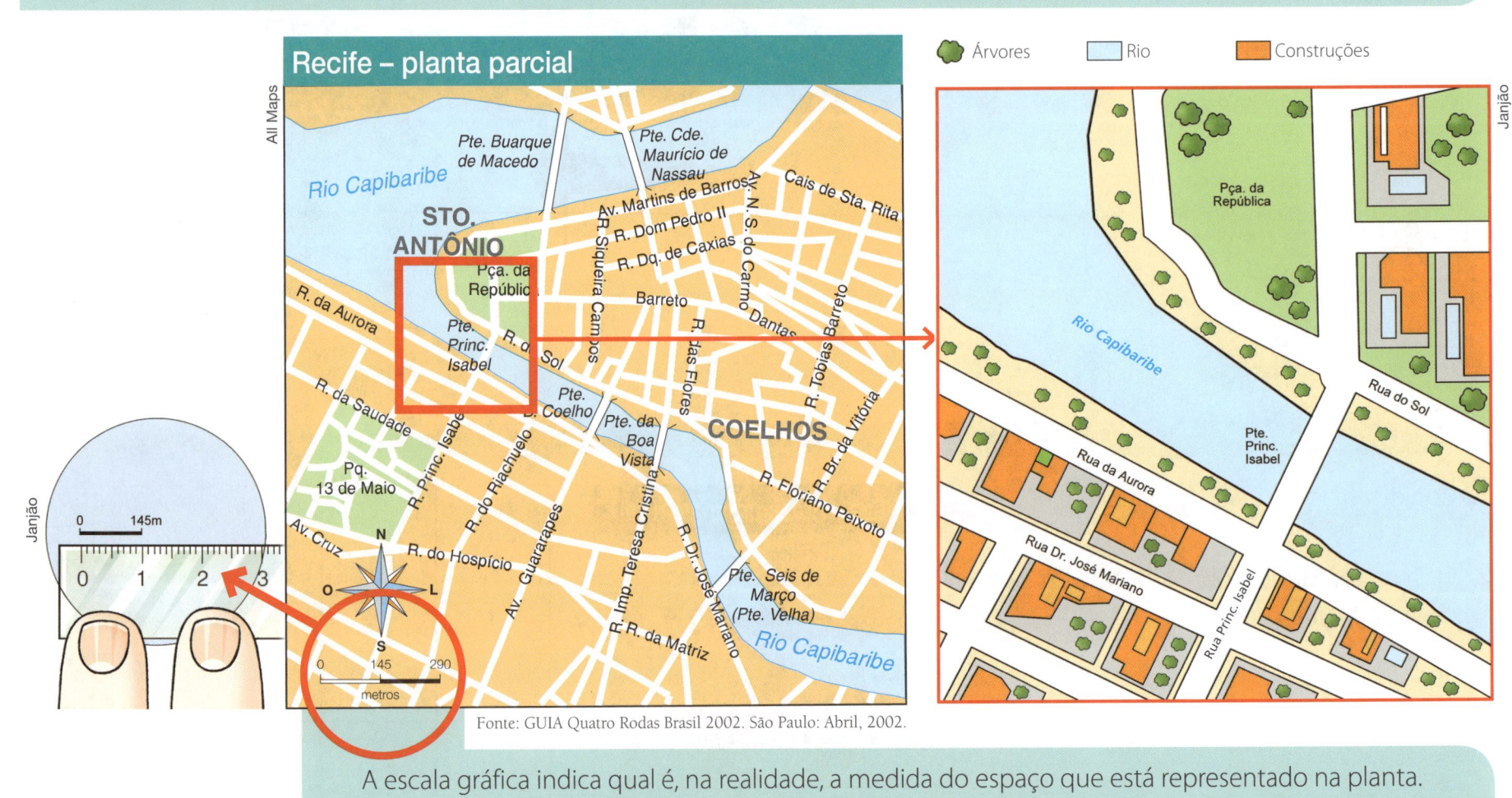

Recife – planta parcial

Fonte: GUIA Quatro Rodas Brasil 2002. São Paulo: Abril, 2002.

A escala gráfica indica qual é, na realidade, a medida do espaço que está representado na planta. A escala dessa planta indica que 1 cm (centímetro) = 145 m.

1. Com a sua régua, indique a distância em centímetros do Parque 13 de Maio até a rua da Matriz _____.

9. O MAPA

Um mapa é uma representação gráfica reduzida da realidade.
Essa representação é sempre obtida a partir da visão vertical, como se os elementos estivessem sendo vistos do alto, de cima para baixo.
O título, a legenda, a escala e a rosa dos ventos orientam e facilitam a leitura de um mapa.

Brasil político

Fonte: ATLAS geográfico escolar. Rio de Janeiro: IBGE, 2010.

O estado de Goiás

Fonte: ATLAS geográfico escolar. Rio de Janeiro: IBGE, 2010.

Fortaleza – Áreas urbana e rural

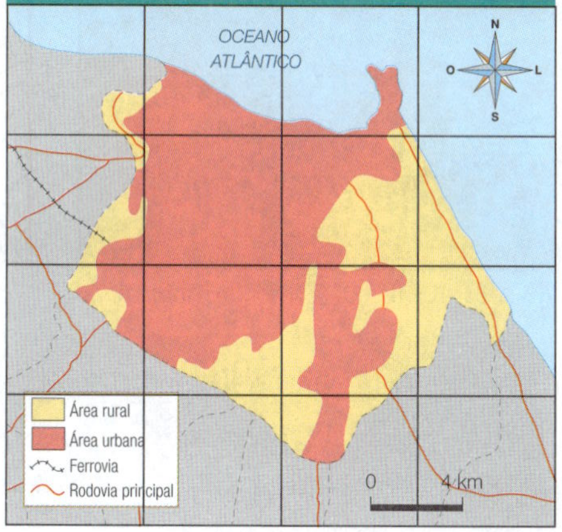

Fonte: ATLAS geográfico escolar. 5. ed. Rio de Janeiro: IBGE, 2009.

E. Cavalcante

1. Copie o mapa ao lado no diagrama.

2. O mapa produzido por você ficou maior ou menor que o original?

_____
_____
_____
_____
_____

Distrito Federal

Fonte: ATLAS geográfico escolar. Rio de Janeiro: IBGE, 2010.

Planta da cidade de Brasília

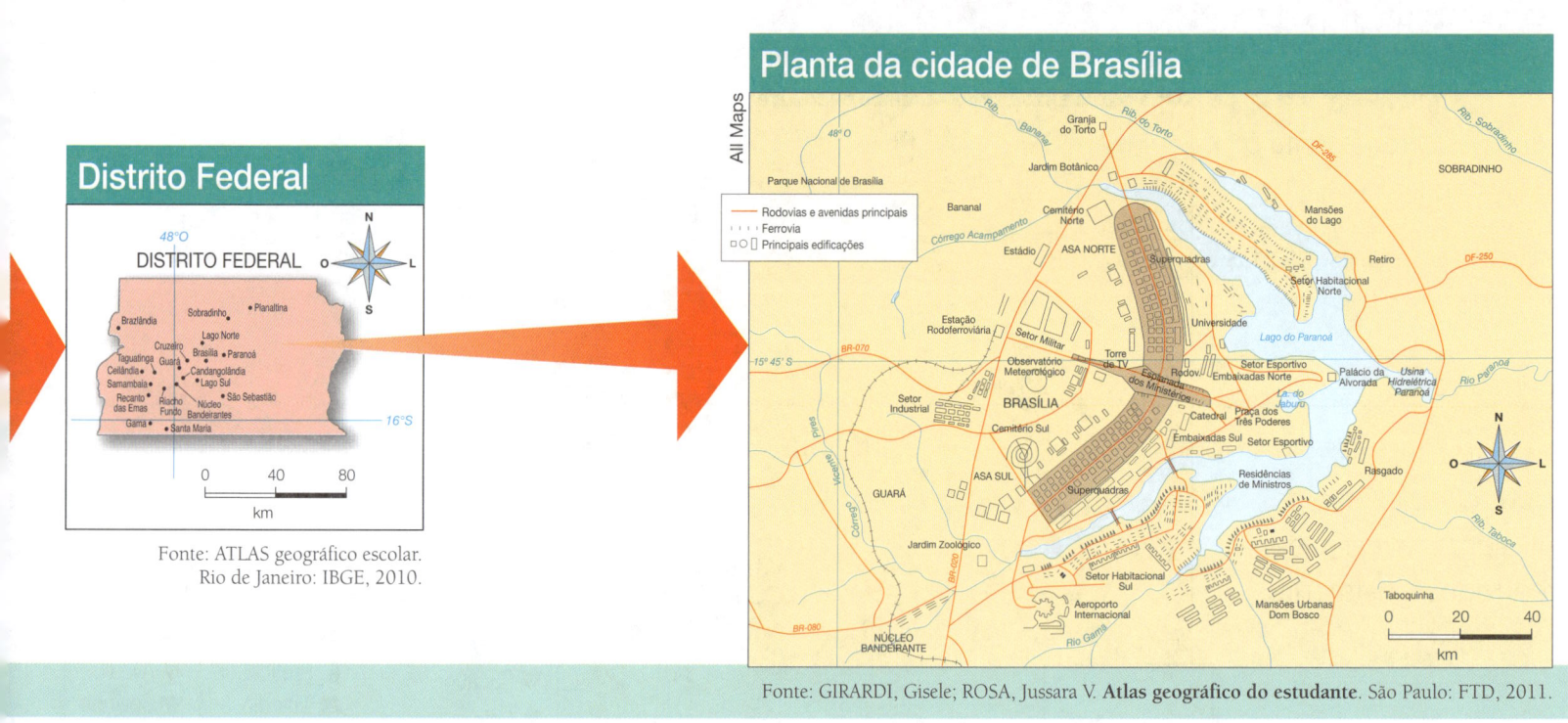

Fonte: GIRARDI, Gisele; ROSA, Jussara V. **Atlas geográfico do estudante**. São Paulo: FTD, 2011.

3. Qual dos mapas acima representa a maior área? Copie o título do mapa.

_____

4. Em qual deles é possível observar o quarteirão ou os bairros?

_____

5. Qual dos mapas representa um estado?

_____

Bahia – Principais produtos agropecuários

Produtos agrícolas
- Algodão
- Cacau
- Café
- Cana-de-açúcar
- Coco-da-baía
- Feijão
- Fruticultura
- Mandioca
- Milho
- Sisal
- Soja

Pecuária
- Asininos
- Aves
- Bovinos
- Ovinos
- Suínos
- Equinos

E. Cavalcante

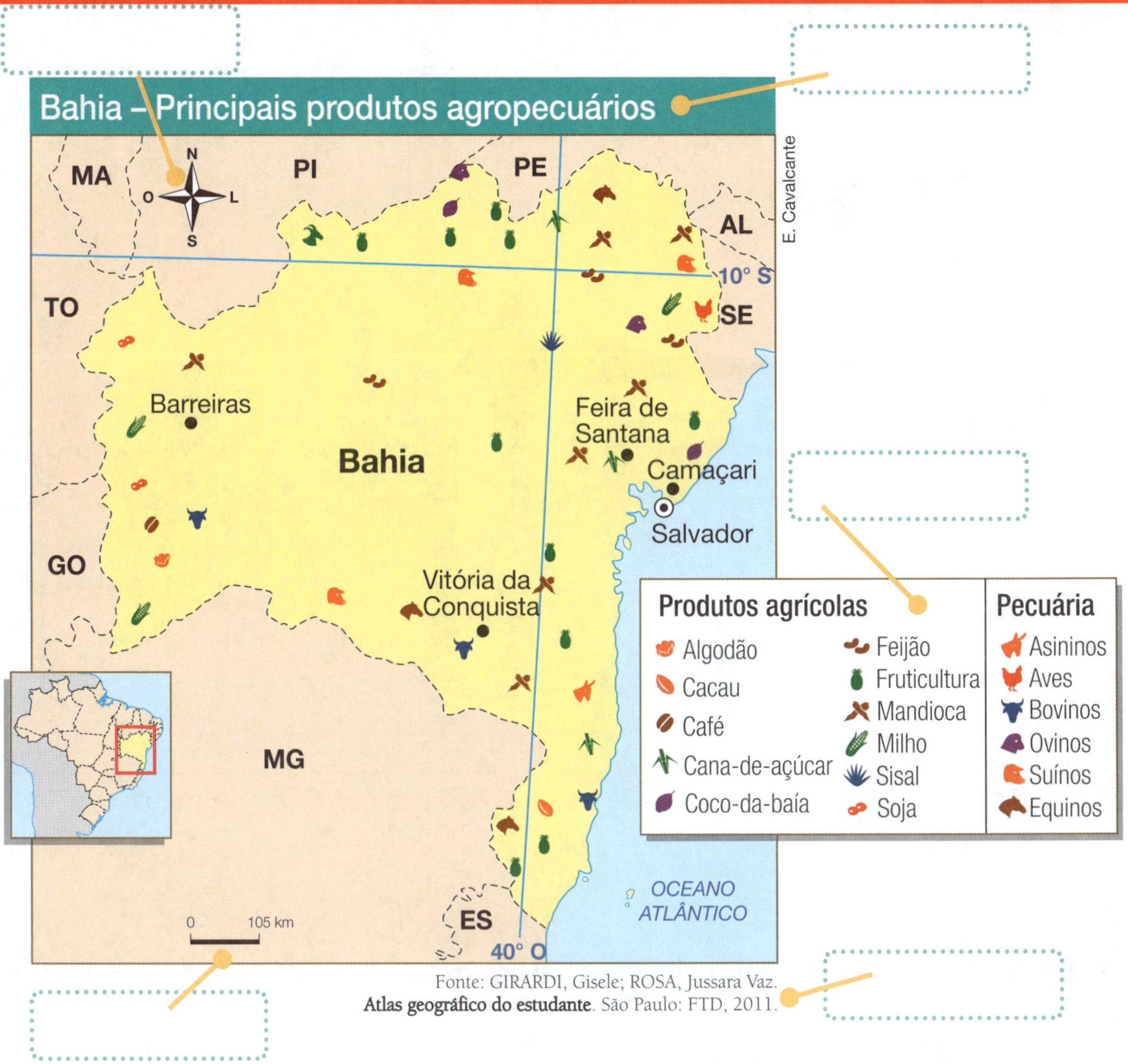

Fonte: GIRARDI, Gisele; ROSA, Jussara Vaz. **Atlas geográfico do estudante**. São Paulo: FTD, 2011.

1. Complete as frases indicando as partes que compõem um mapa.

   a) O _____ representa o tema principal do mapa.

   b) As direções cardeais são representadas pela _____ que ajuda na orientação.

   c) Para que os elementos sejam proporcionais, ou seja, para que os tamanhos equivalentes à realidade tenham sido reduzidos igualmente, verificamos a _____.

   d) Os símbolos e as cores presentes nos mapas são explicados por meio da _____

2. Identifique os elementos indicados no mapa.

16

Passeio pela vegetação brasileira

Instruções

Pegue o tabuleiro da trilha **Passeio pela vegetação brasileira** que se encontra avulso junto aos outros materiais para conhecer um pouco mais a vegetação do Brasil.

Objetivo

- Chegar primeiro ao final da trilha.

Número de participantes

- Dois a seis participantes.

Regras

1. Destaque e monte um peão da cor de sua preferência.
2. Destaque e monte o dado.
3. O participante que tirar o maior número no dado será o primeiro a jogar. O próximo será o participante à esquerda dele.
4. Após jogar o dado, cada participante deve andar com o peão o número sorteado, casa a casa.
5. Pode haver dois participantes ocupando a mesma casa.
6. Vence aquele que alcançar primeiro a casa CHEGADA.

Destaque estas peças para brincar com o tabuleiro
Passeio pela vegetação brasileira.

1. Escolha a cor de que você mais gosta, destaque e monte o peão.

Modelo de peão montado.

2. Destaque e monte o dado.

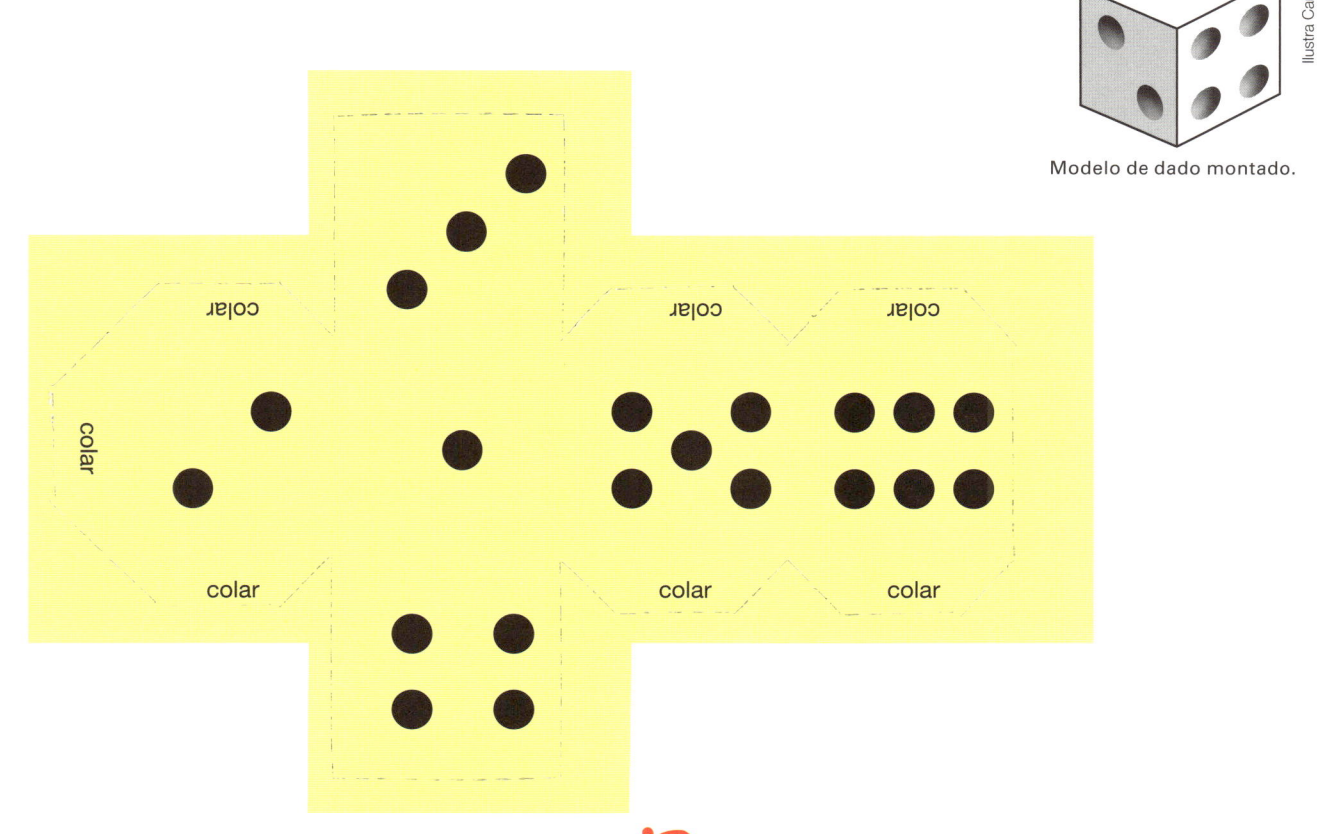

Modelo de dado montado.

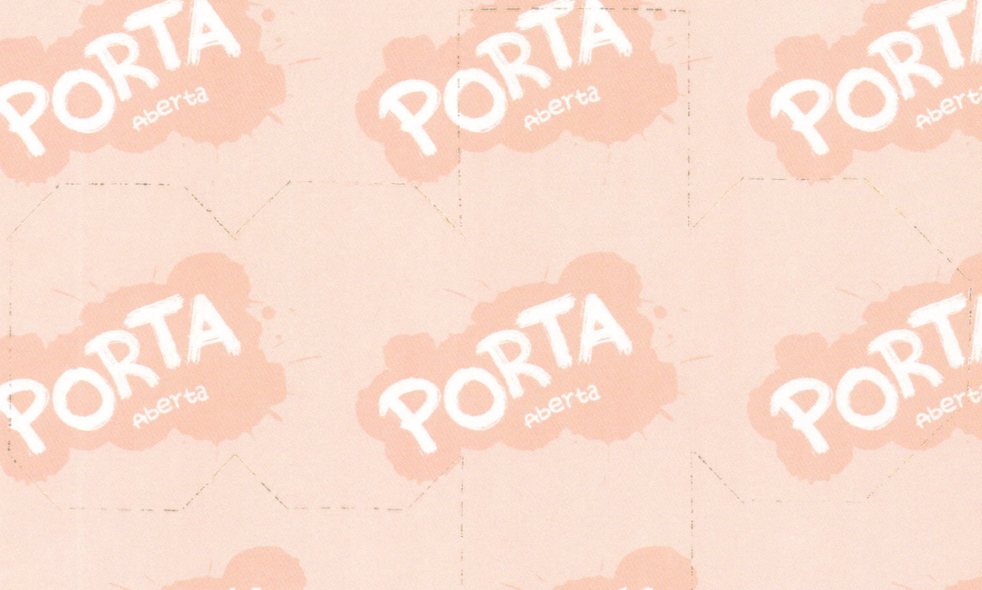

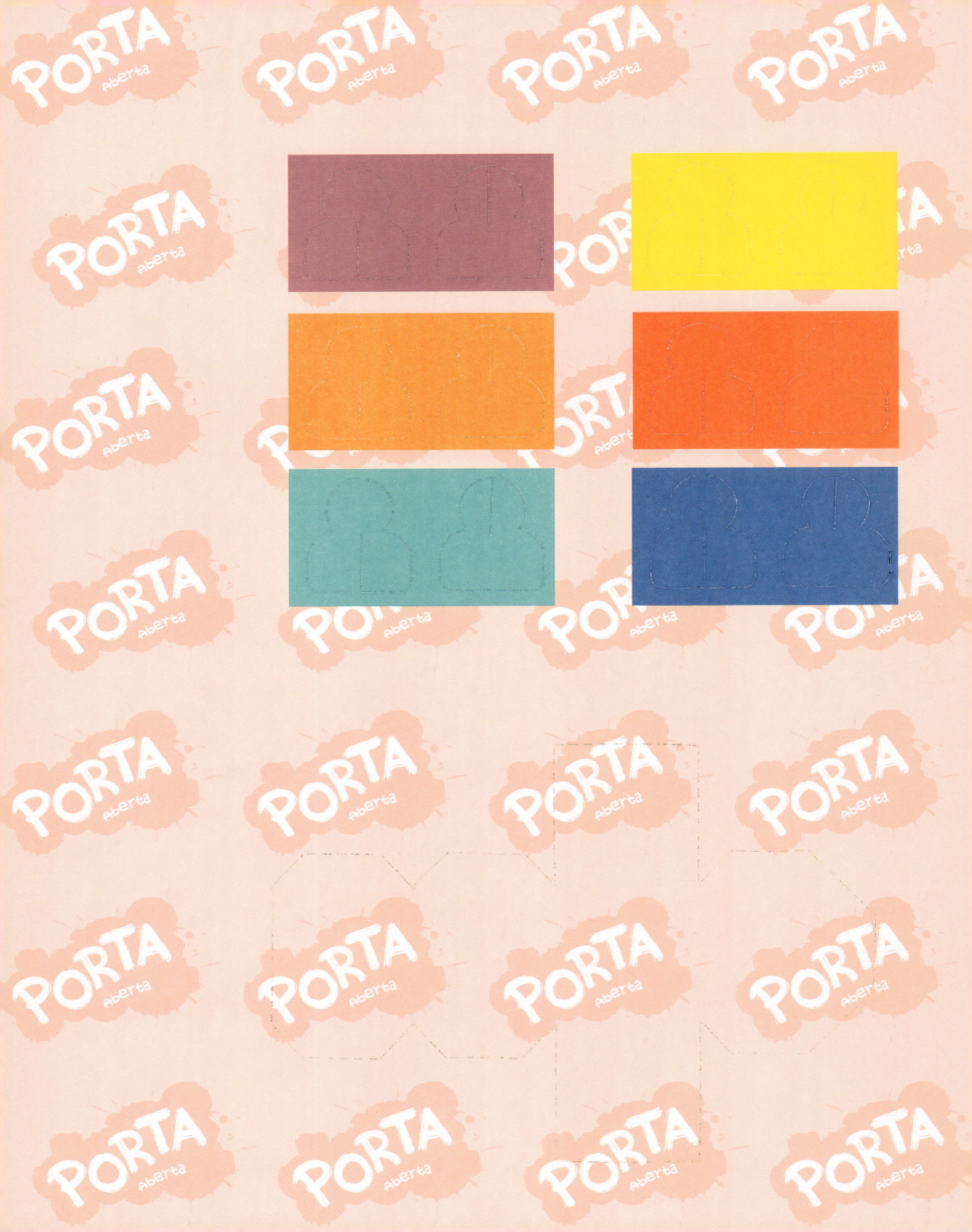

Jogo das fronteiras

Instruções

Pegue o tabuleiro da trilha **Jogo das fronteiras** que se encontra avulso junto aos outros materiais.

Objetivo

- Chegar ao final da trilha.

> Respostas das questões do jogo:
> **Casa 1**: Equador
> **Casa 10**: Rio Grande do Sul.
> **Casa 13**: Chile e Equador.
> **Casa 15**: Trópico de Capricórnio.

Número de participantes

- Dois até quatro jogadores.

Regras

1. Destaque e monte um peão da cor de sua preferência.
2. Destaque e monte o dado.
3. O participante que tirar o maior número no dado será o primeiro a jogar. O próximo a jogar será o participante à sua esquerda.
4. Após jogar o dado, cada jogador andará com o peão o número de casas correspondentes ao número sorteado. Pode haver dois participantes ocupando a mesma casa.
5. Vence o jogador que chegar primeiro à casa CHEGADA.

Você deve destacar estas peças para brincar com o tabuleiro **Jogo das fronteiras**.

1. Escolha a cor de que você mais gosta, destaque e monte o peão.

Modelo de peão montado.

2. Destaque e monte o dado.

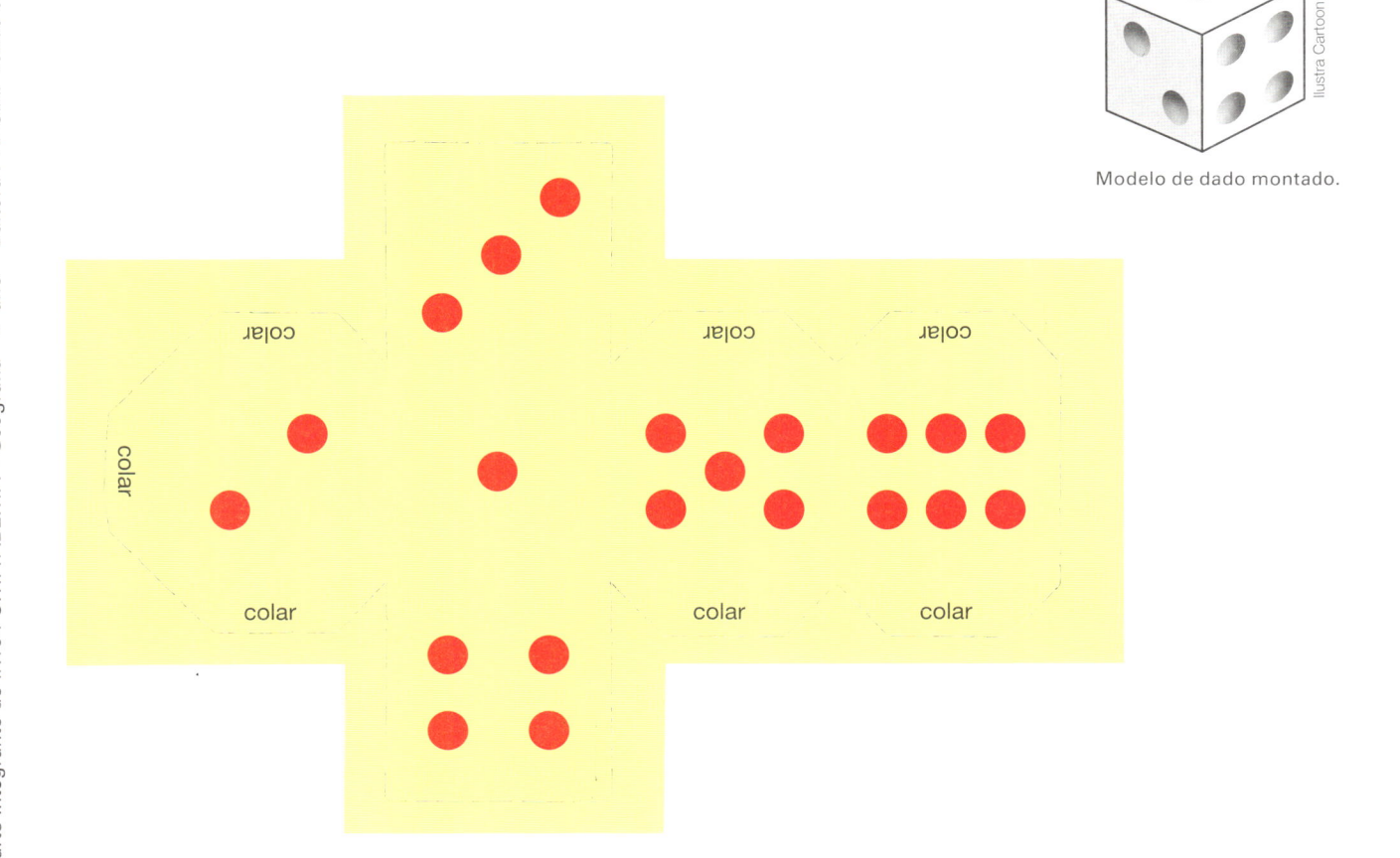

Modelo de dado montado.

colar

Viagem pelo mundo

Instruções

Neste jogo de perguntas e respostas sobre a Geografia, seja o mais rápido e acumule pontos!

Objetivo

- Acumular mais pontos.

Número de participantes

- Três ou mais jogadores.

Regras

1. Destaque todas as cartas e faça um monte com a face virada para baixo.
2. Sorteiem quem começará o jogo. O primeiro jogador é o orador da rodada, ou seja, é ele quem vai fazer a pergunta da primeira carta. Os outros participantes devem ouvir a pergunta e, no final da leitura, quem responder primeiro ganha a carta.
3. O próximo jogador, da esquerda, vai ler a próxima carta com a pergunta para os demais, e assim sucessivamente, até acabarem as cartas.
4. Cada participante soma os pontos de suas cartas.
5. Vence quem tiver o maior número de pontos.

Carta 1: O fenômeno do dia e da noite é resultado de qual movimento da Terra?
Resposta: Movimento de rotação.
Ponto: **1**

Carta 2: Além do núcleo interno e externo, quais as outras duas camadas da Terra?
Resposta: Crosta terrestre e manto.
Pontos: **3**

Carta 3: Qual continente está mais próximo do Brasil: a Ásia ou a África?
Resposta: África.
Pontos: **2**

Carta 4: DESAFIO! A respeito do horário mundial, as horas no Brasil estão adiantadas ou atrasadas em relação ao Japão?
Resposta: Atrasadas.
Pontos: **4**

Você deve destacar estas peças para brincar com o jogo
Viagem pelo mundo.

Qual é o nome do oceano que banha o continente americano a leste?

Resposta: Atlântico.
Pontos: **2**

O Brasil está a leste ou a oeste do continente africano?

Resposta: A oeste.
Pontos: **2**

O Trópico de Câncer é um meridiano ou um paralelo?

Resposta: Paralelo.
Pontos: **3**

É correto dizer que o Trópico de Capricórnio atravessa o Brasil, o Paraguai e a Colômbia? Por quê?

Resposta: Não. O Trópico de Capricórnio não atravessa a Colômbia.
Pontos: **3**

O oceano Índico localiza-se em qual hemisfério: Oriental ou Ocidental?

Resposta: Oriental ou Leste.
Ponto: **1**

Qual continente se localiza totalmente no hemisfério Sul?

Resposta: Oceania.
Pontos: **2**

DESAFIO!
A respeito do horário mundial, as horas no Brasil estão adiantadas ou atrasadas em relação ao Japão?

Resposta: Atrasadas.
Pontos: **4**

O movimento de translação da Terra causa qual fenômeno que gera mudanças na paisagem?

Resposta: As estações do ano.
Pontos: **2**

Você deve destacar estas peças para brincar com o jogo
Viagem pelo mundo.

O planeta Terra faz parte de qual Sistema do Universo?

Resposta: Sistema Solar.
Pontos: 2

Quais são os cinco principais elementos de um mapa?

Resposta: Rosa dos ventos, escala, título, legenda e fonte.
Pontos: 3

DESAFIO!
Quais são os dois tipos de escala que aparecem nos mapas?

Resposta: Escala gráfica e escala numérica.
Pontos: 4

Qual é o nome do principal meridiano da Terra?

Resposta: Meridiano de Greenwich.
Ponto: 1

Qual é o nome do maior oceano da Terra?

Resposta: Oceano Pacífico.
Ponto: 1

Cite dois continentes localizados no hemisfério Norte.

Resposta: Europa e Ásia.
Pontos: 2

Os hemisférios Norte e Sul são divididos por qual linha: Greenwich ou Equador?

Resposta: Equador.
Pontos: 2

Cite três zonas térmicas da Terra.

Resposta: Tropical, temperada, polar.
Pontos: 3

Você deve destacar estas peças para brincar com o jogo
Viagem pelo mundo.

Além do núcleo interno e externo, quais as outras duas camadas da Terra?

Resposta: Crosta terrestre e manto.
Pontos: **3**

DESAFIO!
Rotação é o movimento que a Terra faz ao redor de si mesma. Qual é o sentido: leste-oeste ou oeste-leste?

Resposta: Leste-oeste.
Pontos: **4**

O fenômeno do dia e da noite é resultado de qual movimento da Terra?

Resposta: Movimento de rotação.
Ponto: **1**

Dê o nome de um golfo situado no continente americano.

Resposta: Golfo do México.
Pontos: **3**

DESAFIO!
Qual é o nome da estrutura interna da Terra o que se moverem podem causar terremotos?

Resposta: Placas tectônicas.
Pontos: **4**

Qual oceano banha o continente antártico?

Resposta: Oceano Glacial Antártico.
Pontos: **2**

DESAFIO!
Os dobramentos das placas tectônicas podem ocasionar que tipo de mudança na superfície terrestre?

Resposta: Cadeias de montanhas.
Pontos: **4**

Se você pegar um voo do Brasil para a Oceania, poderá fazer dois trajetos. Quais são eles? Dica: lembre-se do globo terrestre.

Resposta: Trajeto 1: cruzar o oceano Atlântico, a África e o oceano Índico. Trajeto 2: cruzar o oceano Pacífico.
Pontos: **3**

Complete o seu mapa

Instruções

Destaque e cole os cartões com os nomes nos locais corretos no mapa.

Objetivo

- Posicionar e colar corretamente os cartões no mapa.

Número de participantes

- Um ou dois jogadores.

Regras

1. O seu professor vai estipular um tempo para a montagem do cartaz em dupla ou individualmente. Fique atento!

2. Vence quem posicionar mais cartões corretamente.

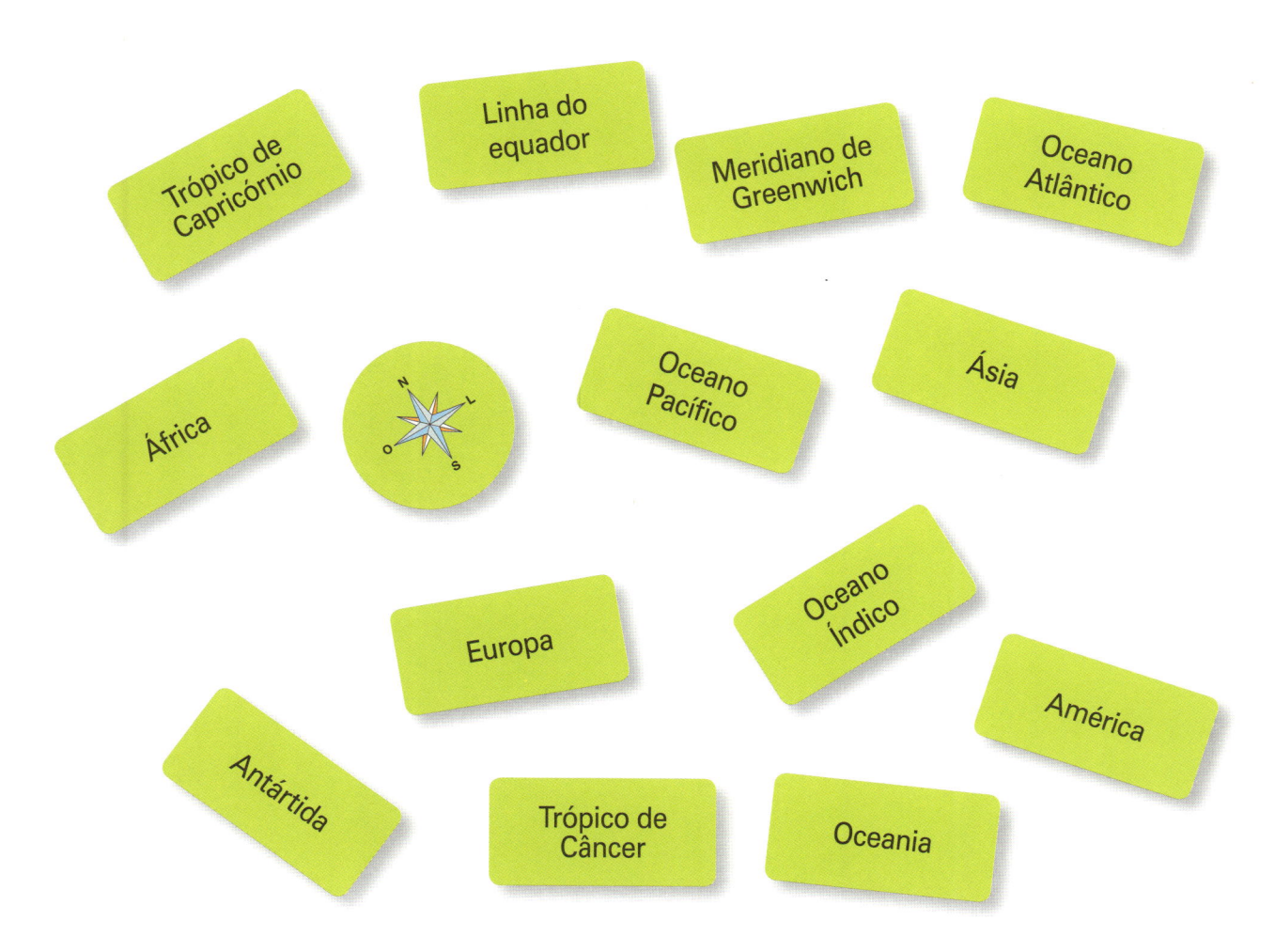

- Trópico de Capricórnio
- Linha do equador
- Meridiano de Greenwich
- Oceano Atlântico
- África
- Oceano Pacífico
- Ásia
- Europa
- Oceano Índico
- América
- Antártida
- Trópico de Câncer
- Oceania

Você deve colar as peças neste mapa para montar o cartaz **Complete seu mapa**.

Mundo: continentes e oceanos

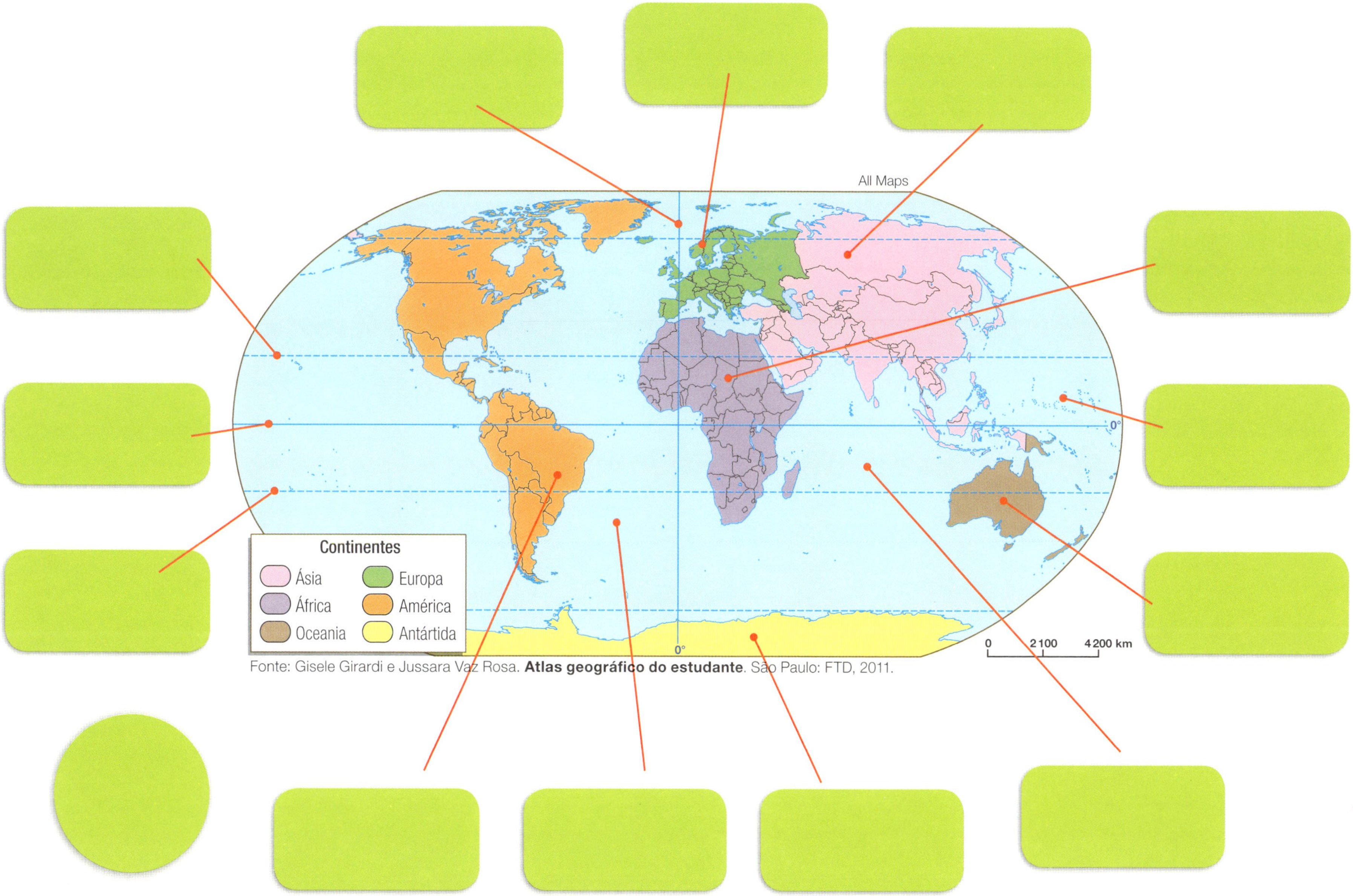

Nesta unidade, vamos estudar:

- as fontes de água do território brasileiro;
- o que é o ciclo da água;
- mapa da hidrografia no Brasil;
- o uso da água pelas pessoas;
- construções feitas pelas pessoas para aproveitar a água;
- poluição e uso consciente da água.

1 A água na paisagem brasileira

> Você já percebeu que a água está por toda parte?
> Como ela se forma? Como ela se distribui?

A paisagem brasileira é caracterizada, de modo geral, pela grande presença de água.

A água de nosso território pode ser encontrada no oceano, em rios, lagos, lagoas e no subsolo formando os aquíferos.

Veja, a seguir, mais informações sobre cada um deles.

Água do mar

O oceano Atlântico banha parte do território brasileiro.

A água do oceano que se aproxima do continente forma o mar. Muitas cidades brasileiras estão localizadas à beira-mar.

A imagem de satélite mostra, em verde, o continente americano com um trecho do litoral brasileiro e, em azul, as águas do oceano Atlântico.

Vista de cidade litorânea do Brasil, Recife, Pernambuco. Foto do ano de 2011.

Água dos rios

Parte da água do território brasileiro é encontrada nos rios.

Os rios são cursos naturais de água, normalmente de água doce, que se deslocam de um nível mais elevado do terreno para outro mais baixo, desaguando em outro rio ou no mar.

São Francisco. A nascente desse rio encontra-se na Serra da Canastra, que tem cerca de 1 200 metros de altura, no município de São Roque de Minas, em Minas Gerais. Foto do ano de 2010.

São Francisco. O rio deságua no Oceano Atlântico. Na imagem, é possível ver do lado esquerdo as águas do Rio São Francisco e do lado direito o oceano, no município de Piaçabuçu, em Alagoas. Foto do ano de 2013.

Água das lagoas e dos lagos

As lagoas são formadas por uma quantidade de água acumulada em espaços rasos. Elas podem ser naturais ou construídas pelas pessoas.

Quando são naturais podem ter sua água movimentada para outros locais pela ação do vento. Muitas lagoas são temporárias e só existem na época das chuvas.

Há lagoas que apresentam ligação com o oceano, tendo suas águas invadidas pelo mar.

As lagoas artificiais – construídas em praças, jardins etc. –, são alimentadas por bombas que trazem água de outros locais.

A lagoa Rodrigo de Freitas foi formada naturalmente. Cidade do Rio de Janeiro, Rio de Janeiro. Foto do ano de 2013.

A lagoa da Pampulha é artificial, foi construída pelas pessoas. Belo Horizonte, Minas Gerais. Foto do ano de 2013.

Os lagos são grandes concentrações de água acumuladas em áreas mais baixas dos terrenos. São formados, geralmente, por uma nascente, pela chuva ou por um ou mais rios.

Os lagos, assim como as lagoas, podem ser naturais ou construídos pelas pessoas.

O lago Piratuba foi formado por agentes naturais. Pracuúba, Amapá. Foto do ano de 2012.

O lago de Furnas foi construído pelas pessoas. Capitólio, Minas Gerais. Foto do ano de 2011.

Água dos aquíferos

Os aquíferos são formados por águas subterrâneas, isto é, águas que penetram no solo e ficam lá acumuladas. Eles são importantes reservas de água doce.

A água que fica próxima à superfície é a mais aproveitada pela população, geralmente para a abertura de poços. A água confinada em maior profundidade pode ser utilizada pelas pessoas, dependendo da quantidade disponível e de sua qualidade.

Observe, abaixo, o esquema de um aquífero.

Esquema de aquífero

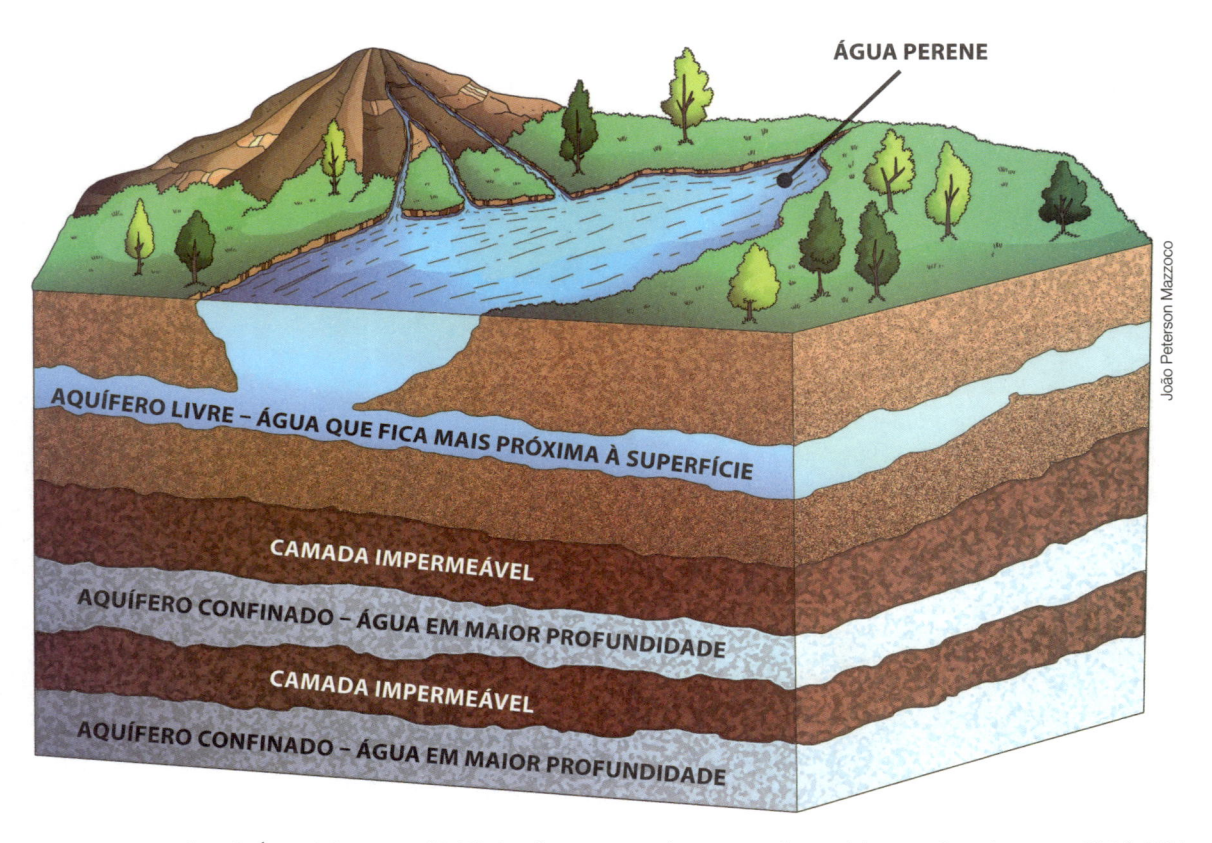

- ÁGUA PERENE
- AQUÍFERO LIVRE – ÁGUA QUE FICA MAIS PRÓXIMA À SUPERFÍCIE
- CAMADA IMPERMEÁVEL
- AQUÍFERO CONFINADO – ÁGUA EM MAIOR PROFUNDIDADE
- CAMADA IMPERMEÁVEL
- AQUÍFERO CONFINADO – ÁGUA EM MAIOR PROFUNDIDADE

João Peterson Mazzoco

Fonte: Associação Brasileira de Águas Subterrâneas (ABAS). Aquíferos. Disponível em: <www.abas.org/educacao.php>. Acesso em: 11 jul. 2014.

Atividade

- No lugar em que você mora, onde se encontra a presença natural de água: em rio, lago, lagoa, mar ou aquífero?

Fique sabendo

O ciclo da água na natureza

Como a água presente no oceano, nos rios, nas lagoas, nos lagos e nos aquíferos é formada? De onde ela vem e como se distribui?

Observe o esquema a seguir para fazer essas descobertas.

Esquema do ciclo da água na natureza

1. O calor do Sol aquece a água de oceanos, mares, rios, lagoas, lagos. Essa água evapora e sobe até chegar em locais bem frios da atmosfera. O frio faz o vapor esfriar e formar gotas de água.

2. As gotas de água juntam-se, formando nuvens que são carregadas pelo vento. Essas nuvens juntam-se a novas gotas de água até ficarem pesadas e despencarem em forma de chuva.

3. A água da chuva que cai no solo espalha-se em várias direções. Parte dela segue para rios, lagos, lagoas e, também, volta para o mar. Outra parte penetra no solo, alimentando as reservas de água subterrânea.

João Peterson Mazzoco

1. Vamos criar uma história em quadrinhos para explicar o ciclo da água?

- Imagine-se como personagem da história. Você pode explicar para alguém como acontece o ciclo da água, ou escutar alguém explicando.
- Separe as principais ideias, distribuindo cada uma delas em um quadrinho.
- Organize balões de fala ou de pensamento, com você participando das cenas.
- Prepare o trabalho para ser apresentado em uma exposição para seus colegas.

DEIXE A HISTÓRIA BEM COLORIDA, CAPRICHE!

Qual é a sua opinião?

Dê a sua opinião sobre a questão abaixo:
Podemos dizer que a água da natureza é sempre a mesma?
Participe de um debate na sala de aula para trocarem ideias.

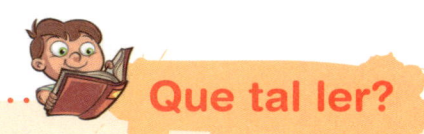

Que tal ler?

Ciclo da água, de Mariana Magalhães, Cristina Quental e Sandra Serra. São Paulo: Leya, 2012.
Em um dia chuvoso a professora resolve, por meio de brincadeiras, explicar como é o ciclo da água.

Ler para conhecer e apreciar

Os rios e a experiência de vida das pessoas

Os rios fazem parte da história de muitas pessoas. Leia, a seguir, as lembranças de Rubem Braga, escritor brasileiro, sobre suas experiências no córrego próximo a sua casa na infância.

Chamava-se Amarelo

Nasci em Cachoeiro de Itapemirim, em uma casa à beira de um córrego, o Amarelo, poucos metros antes de sua entrada no rio Itapemirim. [...]. Desde muito pequenos, antes da idade de se aventurarem pelas correntezas do rio e depois pelas ondas do mar, os meninos da casa brincavam no Amarelo. [...]

Conhecíamos o nosso pequeno trecho de córrego palmo a palmo, desde a cachoeirinha em que ele se despencava do morro até a beira do rio – cada pedra, cada tufo de capim, cada tronco atravessado, cada pé de inhame ou de taioba.

Os peixes maiores – robalos, piaus, traíras, piabinhas – não o subiam, e era raro um bagre pequeno. O peixe maior que peguei numa peneira me deu o maior susto de minha vida; um amigo ou meu irmão cutucava com um pau todo bicho que estivesse debaixo da pedra, para espantar enquanto eu esperava mais abaixo, com uma peneira grande. Quando levantei a peneira, veio o que me pareceu uma grande cobra preta saltando enfurecida em minha cara; era um muçum, que atirei longe com peneira e tudo, enquanto eu caía para trás, dentro d'água, de puro medo. [...]

Rubem Braga. **Casa dos Bragas**: memória de infância. Rio de Janeiro: Record, 2002. p. 17-8.

Córrego: pequeno curso de água doce.
Inhame: planta comestível também chamada de cará em alguns locais do Brasil.
Taioba: planta comestível parecida com uma folha. Conhecida como macabo e mangará, a taioba também é utilizada como elemento de decoração.

1. Em sua opinião, o córrego foi importante na vida do autor? Converse com os colegas para trocarem ideias.

2. Você tem alguma lembrança sobre um rio, um lago, uma lagoa ou o mar próximo ao lugar onde você mora? Conte para o professor e os colegas e ouça as histórias que a turma tem para contar.

Para se divertir

Atravessando o rio.

1. O professor vai colocar dois pedaços de barbante no chão, próximos um do outro. Esse será o rio.

2. Você e seus colegas devem formar uma fila para atravessar o rio.

3. Quando for a sua vez de atravessar, você deve falar: "Do lado de casa corre um rio, pequenininho coitado, atravesso num passo".

4. Então, com um salto, atravesse o rio.

5. Aos poucos o professor vai afastando os barbantes, deixando o rio mais largo.

Tome cuidado para não cair no rio!

- Agora, descreva algum rio que você já tenha visto, pessoalmente ou por revistas, televisão, jornais etc. Conte se ele é largo, grande, bem conservado, entre outras coisas que considerar importante.

_____
_____
_____

Trabalhar com MAPA

A distribuição das águas no território brasileiro

No mapa estão localizados os principais rios do território brasileiro que formam as principais bacias hidrográficas do Brasil.

Bacia hidrográfica é o conjunto de terras em que ocorre a captação de água para um rio principal e seus afluentes.

Brasil: distribuição das águas

- Bacia hidrográfica do rio Amazonas
- Bacia hidrográfica do rio Tocantins
- Bacia hidrográfica do rio Parnaíba
- Bacia hidrográfica do rio São Francisco
- Bacia hidrográfica do rio da Prata
- Bacias litorâneas do Sul
- Bacias litorâneas do Sudeste
- Bacias litorâneas do Norte
- Bacias litorâneas do Nordeste Ocidental
- Bacias litorâneas do Nordeste Oriental

Fonte: **Meu 1º ATLAS**. 4. ed. Rio de Janeiro: IBGE, 2012.

O rio do estado onde você mora deve fazer parte de uma bacia hidrográfica. Prepare-se para fazer o mapa da hidrografia de seu estado.

1. Posicione uma folha de papel transparente sobre o mapa de bacias hidrográficas.
2. Com o **lápis preto**, contorne no papel os limites do estado onde você mora.
3. Com o **lápis azul**, reproduza o traçado do rio mais importante de seu estado e seus afluentes.
4. Com lápis colorido, contorne a área da bacia hidrográfica que passa pelo seu estado. Caso ele pertença a mais de uma bacia hidrográfica, use cores diferentes para representá-las.
5. Reproduza a escala e a rosa dos ventos.
6. Construa uma legenda para indicar os elementos do mapa: os limites do estado, o rio principal e a bacia(s) hidrográfica(s) etc. E, ao final, dê um título para o seu mapa.
7. Cole seu mapa no caderno e dê um título a ele.

- Agora você vai estudar a hidrografia de seu estado com base no mapa produzido e em outras fontes de pesquisas.

    a) Qual é o principal rio de seu estado? A que bacia hidrográfica ele pertence?
    b) O rio seca em alguma época do ano? O que acontece com ele quando chove bastante?
    c) Seu município é banhado pelo rio principal do estado ou por outro rio? Qual é o nome dele?
    d) As águas desse rio podem ser vistas em seu leito normal ou já foram canalizadas?

Canalizado: rio que tem suas águas cercadas por canais de concreto e correm na superfície ou por tubos subterrâneos.

2 Construções para o aproveitamento da água

Você sabe que a água é utilizada para vários fins, mas em algumas situações é preciso fazer construções especiais para que esse uso aconteça.

Algumas são feitas para o fornecimento de água e de energia elétrica, para molhar terrenos de plantio, para ajudar no transporte de pessoas e produtos, entre outras.

Estações de tratamento de água

As estações de tratamento são construções destinadas a recolher e tratar a água para ser consumida pelas pessoas.

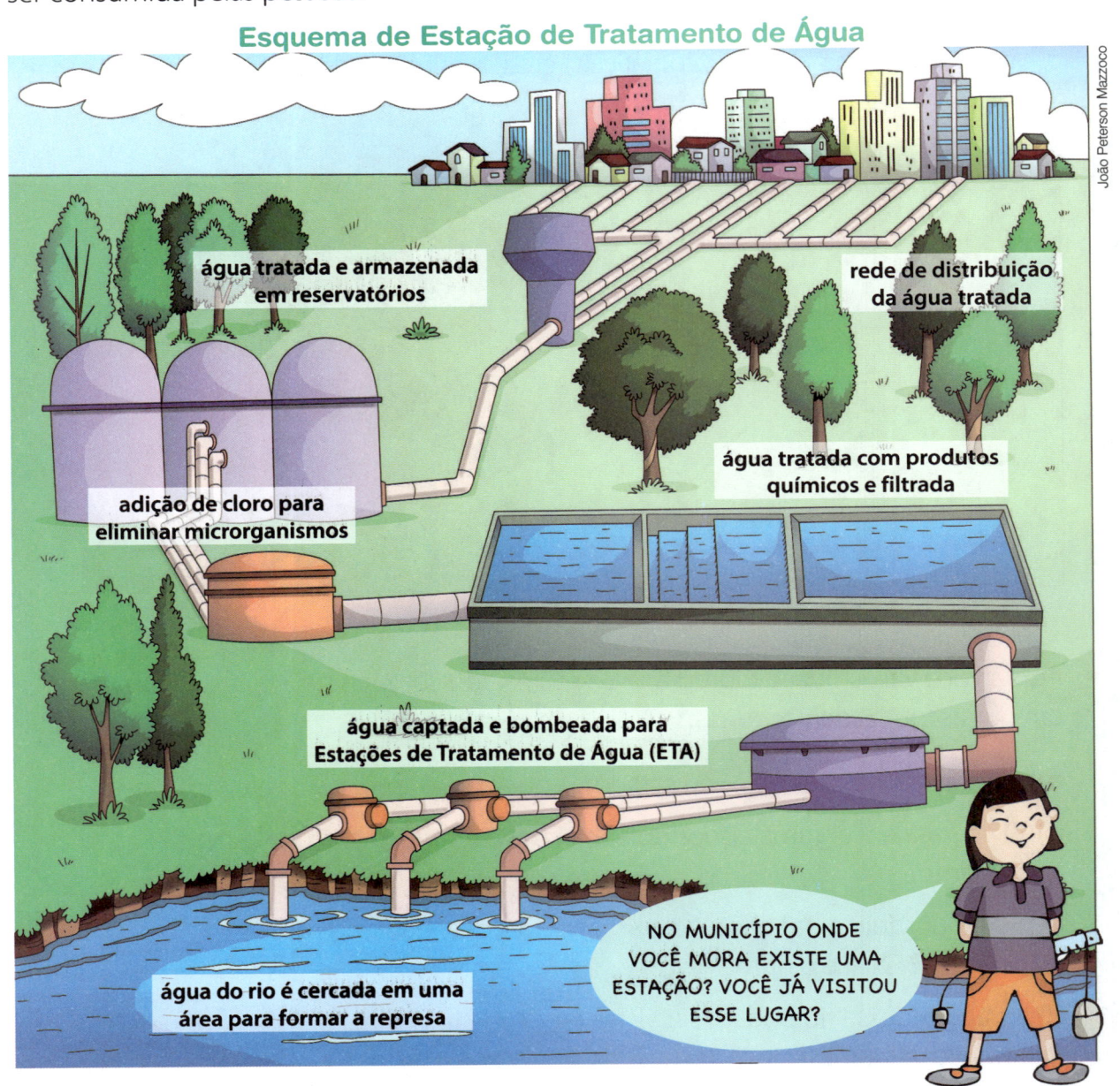

Esquema de Estação de Tratamento de Água

- água tratada e armazenada em reservatórios
- rede de distribuição da água tratada
- água tratada com produtos químicos e filtrada
- adição de cloro para eliminar microrganismos
- água captada e bombeada para Estações de Tratamento de Água (ETA)
- água do rio é cercada em uma área para formar a represa

NO MUNICÍPIO ONDE VOCÊ MORA EXISTE UMA ESTAÇÃO? VOCÊ JÁ VISITOU ESSE LUGAR?

João Peterson Mazzoco

Usinas hidrelétricas

A maior parte da energia elétrica produzida no Brasil é resultado do aproveitamento da água dos rios.

Observe o funcionamento de uma usina hidrelétrica.

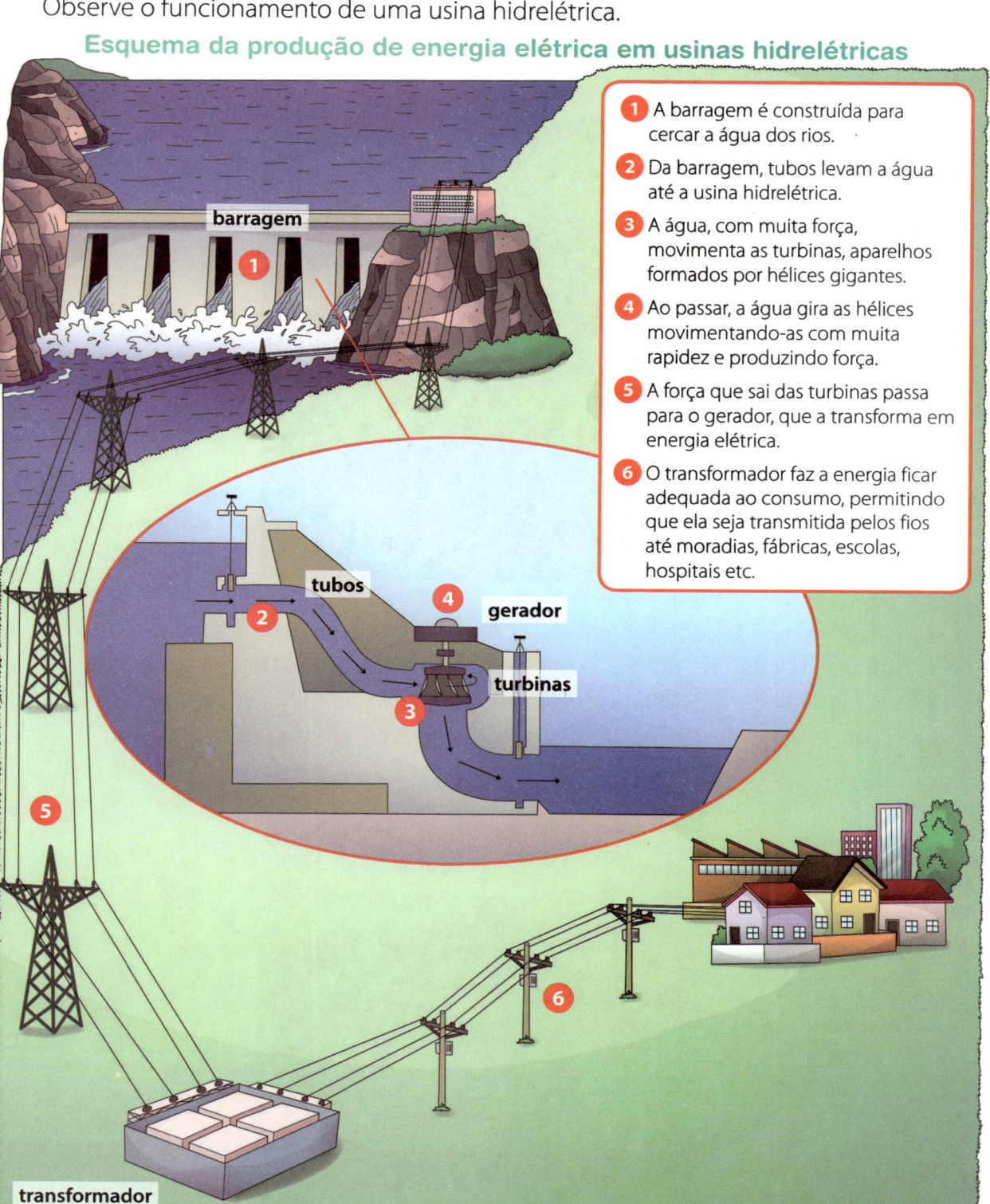

Esquema da produção de energia elétrica em usinas hidrelétricas

1. A barragem é construída para cercar a água dos rios.
2. Da barragem, tubos levam a água até a usina hidrelétrica.
3. A água, com muita força, movimenta as turbinas, aparelhos formados por hélices gigantes.
4. Ao passar, a água gira as hélices movimentando-as com muita rapidez e produzindo força.
5. A força que sai das turbinas passa para o gerador, que a transforma em energia elétrica.
6. O transformador faz a energia ficar adequada ao consumo, permitindo que ela seja transmitida pelos fios até moradias, fábricas, escolas, hospitais etc.

Sistemas de irrigação

Sistemas de irrigação são construções utilizadas pelas pessoas para molhar as plantações com a quantidade de água suficiente e no momento certo.

A irrigação pode ser feita com a construção de canais, isto é, sulcos abertos entre as fileiras do terreno para levar a água dos rios, lagos, lagoas, açudes até as plantações. Ela é praticada para completar o líquido necessário que nem sempre a chuva pode fornecer.

Sulcos: fendas ou frestas.

Sistema de irrigação por sulcos. Petrópolis, Rio de Janeiro. Foto do ano de 2010.

A irrigação também pode ser realizada com a ajuda de aparelhos. Esse sistema é mais usado nas plantações em áreas mais elevadas ou distantes de rios e outras fontes de água. Os aparelhos, geralmente fabricados com ferro, alumínio e materiais plásticos, jogam gotas de água sobre as plantações, imitando o efeito da chuva.

Irrigação com ajuda de aparelhos. Vitória da Conquista, Bahia. Foto do ano de 2013.

Portos

Para auxiliar no transporte de pessoas e mercadorias por meio de embarcações, são construídos portos.

Porto é um local próximo à beira do mar ou de um rio, destinado ao atracamento das embarcações.

Os grandes portos costumam ter uma área onde as embarcações são carregadas e descarregadas, espaço para abrigo dos contêineres, em que os produtos que chegam ficam guardados temporariamente, e a administração, que faz o registro e a documentação das embarcações e das cargas.

> **Atracar:** aproximar, encostar, amarrar uma embarcação à terra.
> **Contêiner:** recipiente de metal ou madeira, geralmente de grandes dimensões, destinado ao acondicionamento e transporte de carga em navios, trens etc.

Porto de Santos, situado no município de Santos, São Paulo, à beira do oceano Atlântico. É o maior porto de nosso país. Foto do ano de 2011.

Porto de Manaus, situado no município de Manaus, Amazonas, à beira do rio Negro. É o maior porto flutuante do mundo. Foto do ano de 2013.

Reservatórios de água: açudes e barragens

A construção de reservatórios é um recurso utilizado pelas pessoas com a intenção de armazenar água para abastecer residências, indústrias, comércios, irrigar plantações, tratar e cuidar da higiene dos animais, produzir energia.

Esses reservatórios são chamados de açudes ou barragens.

Companhia de Gestão dos Recursos Hídricos (Cogerh). Governo do Estado do Ceará

Açude Público Padre Cícero, também conhecido como Castanhão, localizado no município de Jaguaribara, no estado do Ceará. Foto de 2013.

Atividades

1. Para gerar energia elétrica a partir de uma usina hidrelétrica, é necessária a construção de uma barragem, provocando alterações na paisagem local. Leia o texto a seguir para descobrir algumas dessas alterações.

> "É um estrago e tanto. Na área que recebe o grande lago que serve de reservatório da hidrelétrica, a natureza se transforma: o clima muda, espécies de peixes desaparecem, animais fogem para refúgios secos, árvores viram madeira podre debaixo da inundação... [...]"
>
> Suzana Paquete. **Qual o impacto ambiental da instalação de uma hidrelétrica?** Disponível em: <mundoestranho.abril.com.br/materia/qual-o-impacto-ambiental-da-instalacao-de-uma-hidreletrica>. Acesso em: 17 jan. 2014.

- A construção de uma usina hidrelétrica provoca muitas ou poucas alterações na paisagem do local? Explique como isso afeta o meio ambiente.

2. A água usada em sua moradia é recolhida de poços ou é recebida pela rede de distribuição, construída pela companhia de águas e esgotos? Que diferenças existem entre uma e outra?

_____
_____
_____

3. É importante consumir água tratada? Em sua opinião, o que poderia acontecer com você ao ingerir água não tratada? Converse com os colegas e o professor.

_____
_____
_____

4. No lugar onde você mora todas as pessoas recebem os serviços de água e de energia? Escreva o nome das companhias que fornecem serviços de água e de energia elétrica no seu município.

_____

5. Relacione as colunas.

a) Locais onde pode ser encontrada a água no nosso país.

b) Construções utilizadas para irrigar plantações com a quantidade suficiente de água e em momentos certos.

c) São formados por águas subterrâneas.

d) Local próximo à beira-mar onde atracam os navios.

e) Reservatórios construídos pelas pessoas para armazenar água para abastecer residências, comércios, indústrias e outros.

f) Construções que são destinadas a recolher e tratar a água para o consumo das pessoas.

☐ Portos.

☐ Estações de tratamento de água.

☐ Aquíferos.

☐ Oceano, rios, lagos, lagoas e subsolo.

☐ Sistemas de irrigação.

☐ Açude.

Os cuidados com a água

Os efeitos do mau aproveitamento da água são graves para a vida de todos. No Brasil, e em muitas outras partes do mundo, porém, as pessoas ainda não se conscientizaram sobre a importância do cuidado com a água.

Em grande parte das cidades brasileiras, a coleta de esgoto para tratamento é pouco utilizada. A água suja com urina, fezes e produtos químicos despejados pela indústria cai direto nos córregos, nos rios e no mar. Além disso, muitos rejeitos e resíduos são jogados nas águas de rios.

Essas substâncias contaminam a água e podem provocar doenças.

ANTES DE SER LANÇADO EM CÓRREGOS, RIOS E MAR, O ESGOTO DEVE PASSAR POR ESTAÇÕES DE TRATAMENTO PARA EVITAR A CONTAMINAÇÃO DAS ÁGUAS.

Em alguns casos, a poluição das águas dos rios forma uma espuma composta por esgoto doméstico e resíduos industriais. Além de contaminar a água, a espuma carregada pelo vento queima gramados, suja roupas e mancha os carros nas ruas. Espuma causada pela poluição, no Rio Tietê, em Pirapora do Bom Jesus, São Paulo, 2011.

Cuidar da água também significa evitar o desperdício no seu uso.

A ÁGUA É FONTE DE VIDA PARA TODO O PLANETA. PENSE NISSO E AJUDE A CUIDAR DESSA RIQUEZA! O DIA 22 DE MARÇO FOI DECLARADO O DIA MUNDIAL DA ÁGUA.

Vejam atitudes simples que ajudam a evitar o desperdício de água.

Ilustrações: João Peterson Mazzoco

Tomar banhos mais rápidos e ensaboar-se com o chuveiro fechado.

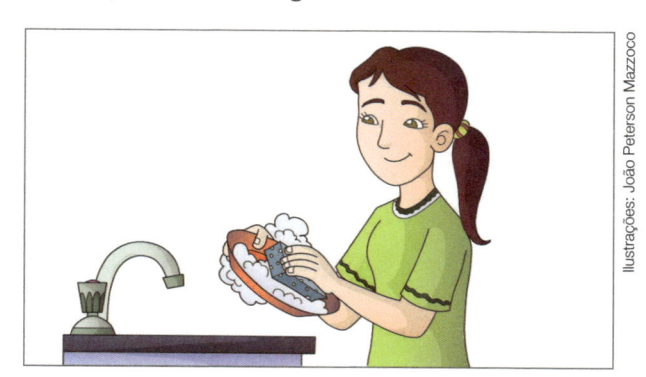

Ensaboar toda a louça com a torneira fechada.

Fechar a torneira enquanto escova os dentes.

Passar um pano úmido na casa em vez de jogar água.

Varrer a calçada em vez de lavá-la com a mangueira.

Lavar veículos com auxílio de balde e panos, em vez de utilizar a mangueira.

Atividades

1. Você considera uma atitude importante tratar a água antes de devolvê-la para córregos, rios e mar? Por quê?

_____
_____
_____
_____

2. Todas as pessoas usam a água no dia a dia e precisam dela para viver, por isso devemos cuidar para que não haja desperdício. Você pratica alguma ação para reduzir o consumo de água em sua moradia? Qual?

_____
_____
_____
_____
_____
_____

Que tal assistir?

De onde vem a garrafa d'água? Para onde vai a garrafa d'água?. Instituto Akatu. Disponível em: <www.akatumirim.org.br/#/TEMA/3>. Acesso em: 16 jun. 2014.

O que você pode fazer para ajudar a reduzir o consumo de água no mundo? Faça essa e outras descobertas assistindo a esse vídeo superbacana.

Ao estudar o tema **As águas do território brasileiro**, que descobertas você fez?

Imagine que você é um pesquisador e está percorrendo o curso de um rio para conhecer algumas construções que as pessoas fizeram para o aproveitamento da água. Passe por todas as etapas, de 1 a 5, e escreva o nome de cada construção e para que a água está sendo aproveitada em cada caso.

_____
_____
_____
_____
_____
_____

Unidade 6

O TEMPO ATMOSFÉRICO E O CLIMA

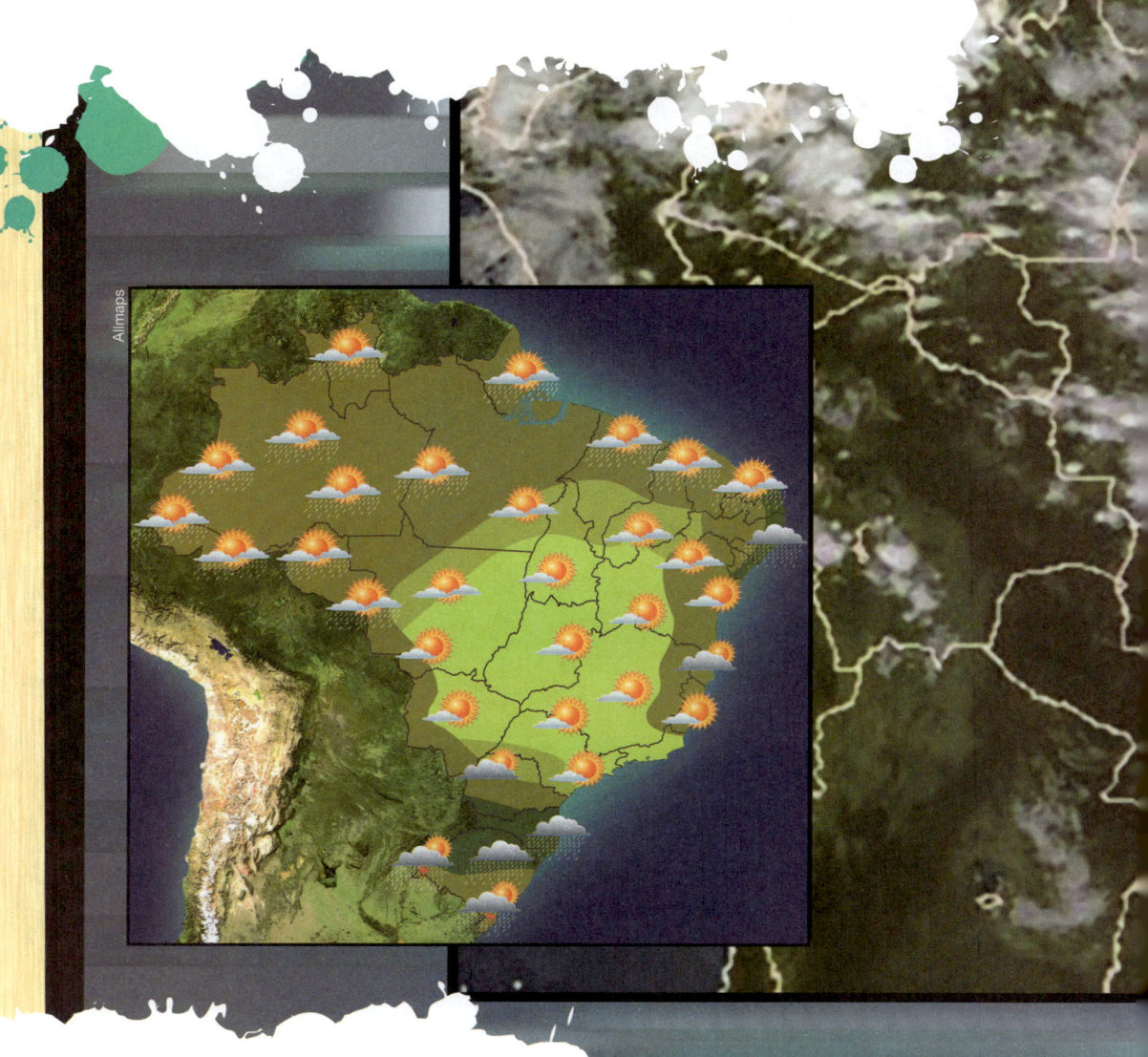

1. O que a repórter está informando às pessoas.
2. Você já viu na TV uma cena parecida com essa?
3. As manchas brancas que aparecem na imagem representam nuvens. Olhando a imagem de satélite e comparando-a ao mapa com a previsão, o que é possível perceber?

Nesta unidade, vamos estudar:

- a influência do tempo atmosférico nas paisagens;
- a temperatura do ar, o vento, as chuvas, os raios, os relâmpagos e os trovões;
- a diferença entre tempo e clima;
- os tipos de clima no Brasil;
- as zonas térmicas da Terra;
- os efeitos da ação humana sobre as condições do ar atmosférico.

1 As mudanças no tempo e nas paisagens

> Você já olhou para o céu hoje?
> Será que vai chover?
> Está frio ou calor?

O céu nublado ou ensolarado, a temperatura do ar mais quente ou mais fria, o vento, a chuva são exemplos de fenômenos naturais que revelam como está o tempo atmosférico de determinado lugar. O tempo atmosférico pode variar ao longo da semana, em um dia ou até mesmo em questão de horas.

Conseguimos perceber essas mudanças por meio de algumas sensações, como calor e frio. Essas variações também são percebidas na paisagem dos lugares.

Observe abaixo as diferentes paisagens do mesmo local durante um dia. Veja também como a temperatura muda.

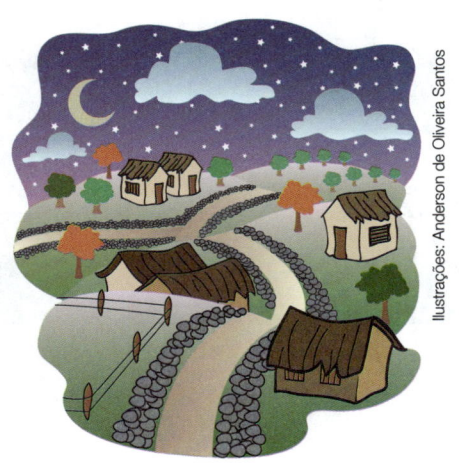

Ilustrações: Anderson de Oliveira Santos

As mudanças do tempo atmosférico influenciam também na organização e rotina das sociedades.

As plantações, por exemplo, são afetadas pelo excesso ou pela falta de chuva, podendo causar a perda de todo o plantio. Os animais também sofrem com alterações do tempo atmosférico; eles se deslocam (ou são deslocados por pessoas) para locais onde a chuva favoreceu a maior produção de alimentos, como pasto para o gado, por exemplo.

As pessoas sofrem os efeitos das chuvas intensas que causam enchentes, principalmente em áreas urbanas. Essas enchentes podem provocar destruição de construções, deslizamentos de terra, espalhar lixo e causar doenças.

Ruas alagadas em Palmares, Pernambuco. Foto do ano de 2010.

Plantação de milho atingida pela seca em Cruz Alta, Rio Grande do Sul. Foto do ano de 2012.

Atividades

1. O que você faz em um dia quente? E em um dia frio?

_____

_____

2. Que roupas você vestiu hoje? Essas roupas indicam que hoje é um dia frio, quente, chuvoso ou ensolarado? Explique.

_____

_____

3. Assinale verdadeiro (V) ou falso (F).

   a) ☐ O vento, a chuva, as variações da temperatura são características do tempo atmosférico.

   b) ☐ O tempo atmosférico não varia quase nunca.

   c) ☐ As plantações sofrem a influência da falta ou do excesso de chuva.

4. Observe a imagem abaixo e descreva como você acha que estava o tempo atmosférico do lugar mostrado.

Homem caminhando em São José dos Ausentes, Rio Grande do Sul. Foto do ano de 2013.

_____

_____

_____

_____

5. As crianças abaixo se vestiram de acordo com o tempo atmosférico que estava acontecendo no lugar onde elas moram. Elabore uma frase dizendo como está o tempo no lugar onde cada criança mora. Você pode usar palavras dos quadros para ajudar na elaboração das frases.

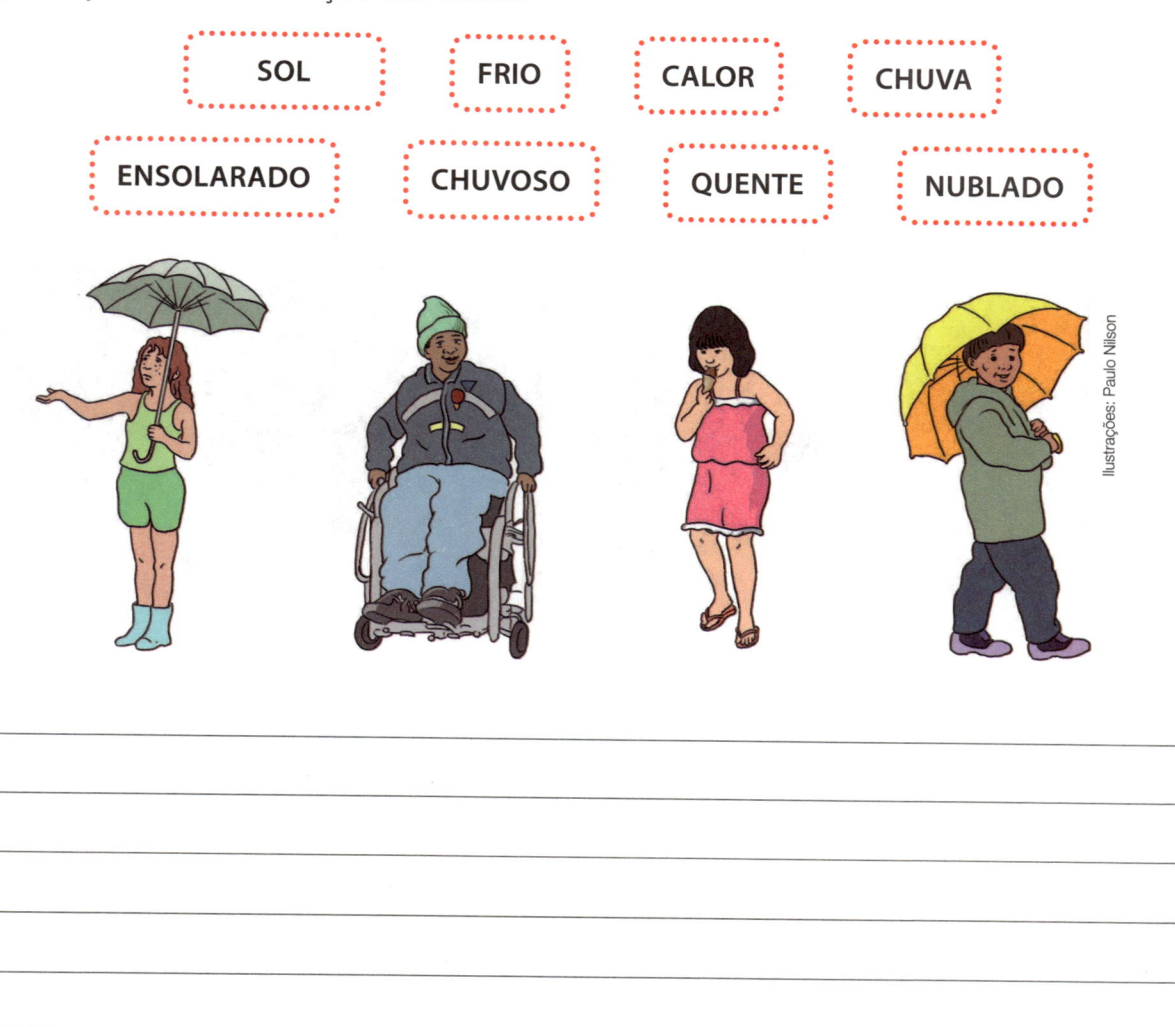

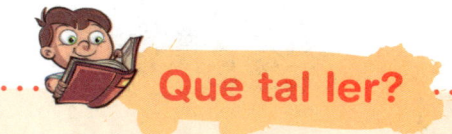

SOL   FRIO   CALOR   CHUVA

ENSOLARADO   CHUVOSO   QUENTE   NUBLADO

Ilustrações: Paulo Nilson

_____
_____
_____
_____
_____

Que tal ler?

O pinguim chamado Pinguim que tinha pé frio, de Jorge Chaskelmann, Blandina Franco e José Carlos Lollo. São Paulo: Amarilys, 2009.

Esse pinguim é um pouco diferente; ele sente frio nos pés e arruma a maior confusão para tentar ficar quentinho.

Editora Amarilys

Está quente? Está frio?

Normalmente, em dias ensolarados, sentimos calor. Por que isso acontece?

Quando os raios solares alcançam nosso planeta, parte deles é absorvida pelos objetos, pelos seres vivos e pelas construções, e parte é refletida na atmosfera. Dessa forma, o ar fica mais quente, ou seja, a **temperatura do ar** eleva-se.

Quando anoitece ou o dia está nublado, os raios solares não alcançam mais a superfície terrestre, o que faz o ar ficar mais frio. Parece que o tempo mudou e o nosso corpo sente essa diferença de temperatura.

Atmosfera: camada de gases que envolve a Terra.

O ar movimenta-se

As mudanças de temperatura fazem o ar se movimentar. Isso ocorre porque o ar quente é mais leve e, por isso, sobe, enquanto o ar frio, que é mais pesado, desce. Dessa forma, o ar movimenta-se gerando o **vento**.

Apesar de não o vermos, podemos sentir o vento, como quando sentimos uma brisa bater em nosso rosto. O vento pode ser mais fraco, como aquele que movimenta barcos a vela, ou pode ser muito forte, sendo capaz de arrancar árvores, derrubar casas etc.

Os barcos a vela são movimentados pelo vento. Barco navegando no Rio Paraguaçu, em Maragojipe, Bahia. Foto do ano de 2011.

Medindo a temperatura do ar

Você sabe o que é um termômetro?

O termômetro é um objeto usado para medir temperaturas. Existem termômetros para medir a temperatura do nosso corpo, da água e também do ar. Observe a imagem, que mostra um termômetro que mede a temperatura do ar.

Quando faz calor, o líquido vermelho se dilata e sobe pelo tubo. O termômetro indica que a temperatura aumentou. Quando faz frio, o líquido se contrai e desce pelo tubo. O termômetro mostra então que a temperatura ficou mais baixa.

Atividades

1. Sob a orientação do professor, reúna-se com mais três colegas para realizar as atividades a seguir.

a) Antes da medição, respondam. Como está o tempo atmosférico da escola hoje? Agora, utilizem um termômetro, colocado à sombra, para saber qual a temperatura.
_____
_____

b) Esperem 15 minutos. Houve alteração no mostrador do aparelho?
_____

c) Anotem o que aconteceu:

- Escrevam o dia e a hora da medição.
_____

- Copiem a temperatura indicada no mostrador do termômetro.
_____

- Fazia frio ou calor? _____

- Essa sensação corresponde à medida obtida no mostrador? Por quê?
_____

COMPAREM OS RESULTADOS ENTRE OS GRUPOS E CONVERSEM PARA DESCOBRIR O QUE PODE TER CAUSADO POSSÍVEIS DIFERENÇAS ENTRE AS INFORMAÇÕES.

Oficina

O ar não pode ser visto, mas ele existe

O ar está presente em diferentes lugares do nosso planeta. Podemos encontrá-lo no solo, na água, nas plantas e nos animais. Não é possível enxergá-lo ou sentir seu cheiro ou sabor, mas podemos perceber sua presença diariamente.

Que tal fazer alguns experimentos e descobrir você mesmo se o ar realmente existe?

Experimento 1

Do que você vai precisar?

- Pedaço de papelão.

Como fazer?

Abane seu rosto com o pedaço de papelão sem encostá-lo no rosto.
Você consegue sentir algo? O quê?

O que você descobriu?

O que você sentiu foi o ar. Você não consegue ver o vento, mas consegue senti-lo.

Experimento 2

Do que você vai precisar?

- Bacia pequena.
- Copo transparente.

Como fazer?

Coloque água em uma bacia, até um pouco acima de sua metade. Coloque de uma só vez o copo na água com a abertura virada para baixo. Depois incline o copo de forma que um pouco de ar saia.

O que você descobriu?

A água não conseguiu entrar no copo porque ele estava cheio de ar.

Ao inclinar o copo, a água pode entrar, ocupando o espaço deixado pelo ar que saiu.

O QUE VOCÊ DESCOBRIU COM AS EXPERIÊNCIAS? O AR REALMENTE EXISTE? CONVERSE COM SEUS COLEGAS.

Ler para compreender

O ar é muito importante para a sobrevivência de todos os seres vivos. Além disso, ele tem muitas funções. Leia o texto abaixo para descobrir.

Para que serve o ar?

Pra respirar
Pra voar
Pra ter vento
Pro cabelo voar
Pra encher o pulmão
Pra encher balão, bola e boia
Pra sentir cheiro
Pra refrescar quando está calor
Pro ventilador fazer vento
Pra soltar pipa
Pra levar o balão que o fogo acendeu
Pro avião voar
Pra entrar no paraquedas e ele cair devagarzinho
Pra apagar a vela do bolo
Pra tudo viver.

Anna Claudia Ramos. **Pra que serve o ar?** Belo Horizonte: Dimensão, 2011.

LEIAM OS VERSOS QUE VOCÊS CRIARAM PARA O RESTANTE DA CLASSE. O QUE VOCÊS DESCOBRIRAM: O AR É IMPORTANTE PARA NÓS?

- Agora é sua vez de criar. Escreva dois versos sobre a importância do ar.

_____
_____

Que tal ler?

Cuidando do seu planeta – Shhhh! O ar, de Núria Roca. Barueri: Ciranda Cultural, 2010.
Nesse livro você aprenderá por que o ar é tão importante na vida das pessoas de uma forma muito divertida.

O ar está em todo lugar, de Hwa Joong Kim. São Paulo: Callis, 2012.
Por meio de experiências bem divertidas, esse livro ajudará você a responder a muitas questões envolvendo o ar.

Chuvas, raios, relâmpagos e trovões

Quando há nuvens muito carregadas no céu, imaginamos que uma chuva forte está por vir, não é? Essa chuva pode ser fraca ou então muito forte – uma grande tempestade.

Durante as tempestades, as nuvens podem se chocar formando raios, que são descargas elétricas que ocorrem entre duas nuvens ou entre elas e o solo. Esse fenômeno provoca um clarão, conhecido como relâmpago, e um forte barulho, chamado trovão.

Estar ao ar livre ou em áreas desprotegidas durante uma tempestade de raios pode ser muito perigoso. Os raios podem causar incêndios e mortes. Por isso, as pessoas instalam para-raios em vários lugares, como no alto dos prédios, nas torres de televisão e de telefones para se protegerem do perigo que os raios podem causar.

O para-raios é uma haste metálica ligada à terra. Geralmente, é colocado em locais altos com o objetivo de atrair as descargas elétricas da atmosfera e, com isso, proteger as áreas do entorno. Na imagem, relâmpago atingindo para-raios na cidade do Rio de Janeiro, Rio de Janeiro. Foto do ano de 2010.

PROTEJA-SE DURANTE UMA TEMPESTADE DE RAIOS, NÃO FIQUE EM LOCAIS ELEVADOS, CAMPOS ABERTOS, PRAIAS, PISCINAS E ÁRVORES. FIQUE LONGE DE OBJETOS DE METAL, COMO CERCAS, TUBOS METÁLICOS E BICICLETAS.

Atividades

1. Muitas pessoas aproveitam os dias chuvosos para ficar em casa, ler, assistir a um filme ou então descansar. O que você gosta de fazer em um dia chuvoso? Explique.

_____

_____

2. O formato, o tamanho e a cor das nuvens podem indicar se vai chover, se o tempo vai mudar ou se o dia ficará ensolarado. Observe, nas imagens abaixo, alguns tipos de nuvens.

Tipos de nuvem

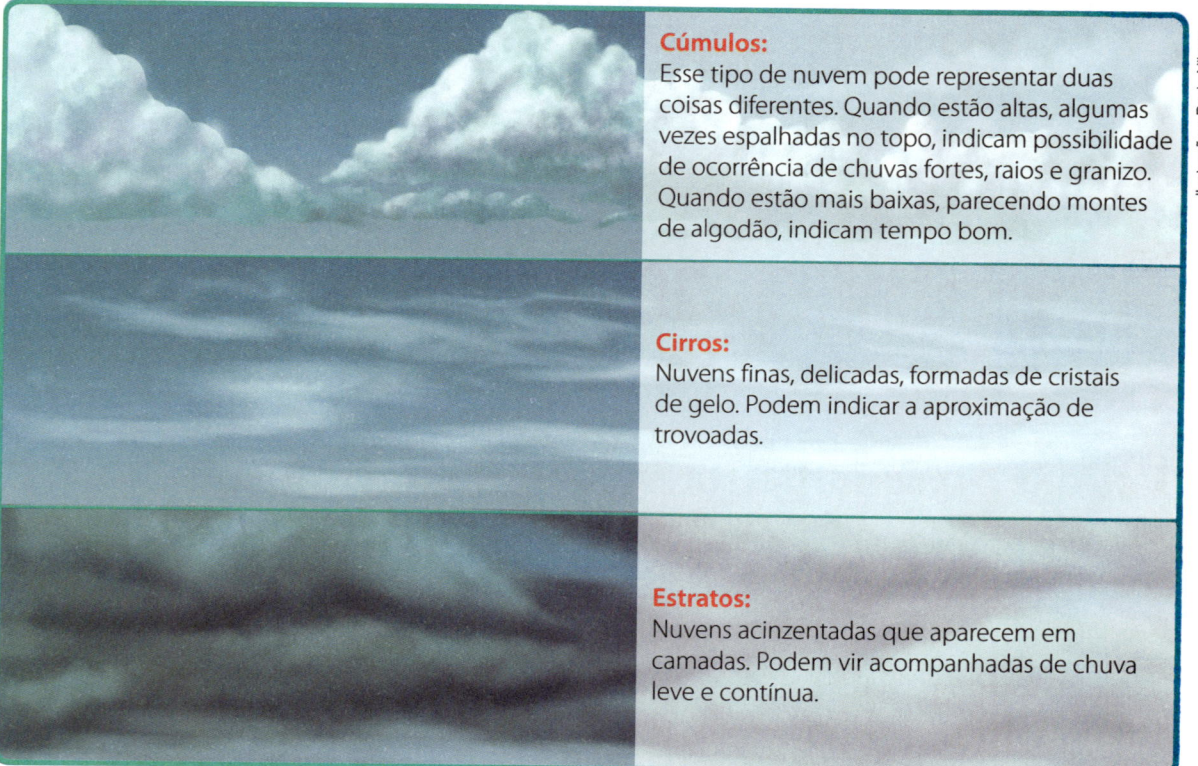

Cúmulos:
Esse tipo de nuvem pode representar duas coisas diferentes. Quando estão altas, algumas vezes espalhadas no topo, indicam possibilidade de ocorrência de chuvas fortes, raios e granizo. Quando estão mais baixas, parecendo montes de algodão, indicam tempo bom.

Cirros:
Nuvens finas, delicadas, formadas de cristais de gelo. Podem indicar a aproximação de trovoadas.

Estratos:
Nuvens acinzentadas que aparecem em camadas. Podem vir acompanhadas de chuva leve e contínua.

Ilustrações: Paulo Nilson

Agora olhe para o céu. Como estão as nuvens? Vai chover? Lápis na mão e muita atenção!

Responda às questões e não se esqueça de anotar o dia e a hora das suas observações.

_____

_____

_____

2 Os climas do Brasil

> Qual é o clima do lugar onde você mora?

A temperatura do ar, as chuvas e os ventos são elementos que compõem o tempo atmosférico. Observá-los por um longo período possibilita determinar o **clima** de um lugar.

Durante anos, pesquisadores fazem análises diárias das condições do tempo atmosférico dos lugares. Com os resultados alcançados, eles classificam o clima. Na imagem, trabalhadores em Centro de Previsão do Tempo e Estudos Climáticos do Instituto Nacional de Pesquisas Espaciais (INPE), em Cachoeira Paulista, São Paulo, no ano de 2010.

O clima predominante no Brasil é o tropical

O clima que predomina no Brasil é o tropical por causa da localização de nosso país na Terra. A maior parte do território brasileiro fica próximo à linha do Equador, na zona intertropical. A zona intertropical é a mais bem iluminada e aquecida do planeta.

Por causa do seu formato e inclinação, a Terra não é iluminada pelo Sol uniformemente. A zona intertropical recebe os raios solares de maneira perpendicular e direta. Por isso, ela é mais aquecida e iluminada. As zonas temperadas e frias recebem os raios solares de forma muito inclinada, sendo, por isso, menos iluminadas e aquecidas.

Zonas térmicas da Terra

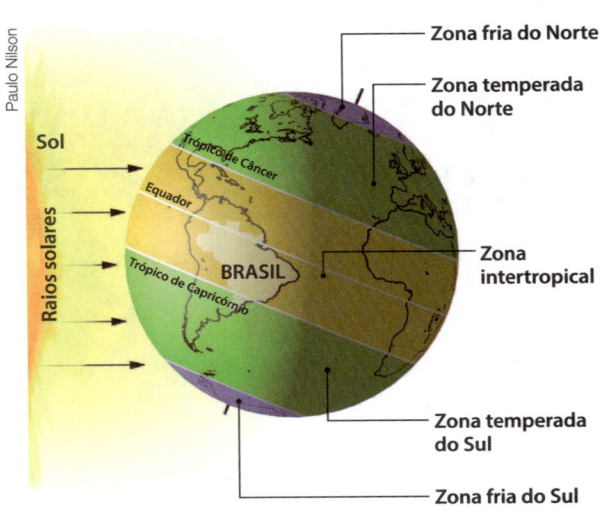

Térmicas: que se referem à temperatura.

Fique sabendo

Como você aprendeu, a Terra não é iluminada pelo Sol uniformemente.

Isso acontece por causa dos movimentos da Terra e da sua inclinação em relação ao seu eixo de rotação. A rotação é quando o planeta gira em torno de si mesmo; esse movimento determina dias e noites.

Veja a imagem abaixo.

Movimento de rotação e inclinação da Terra

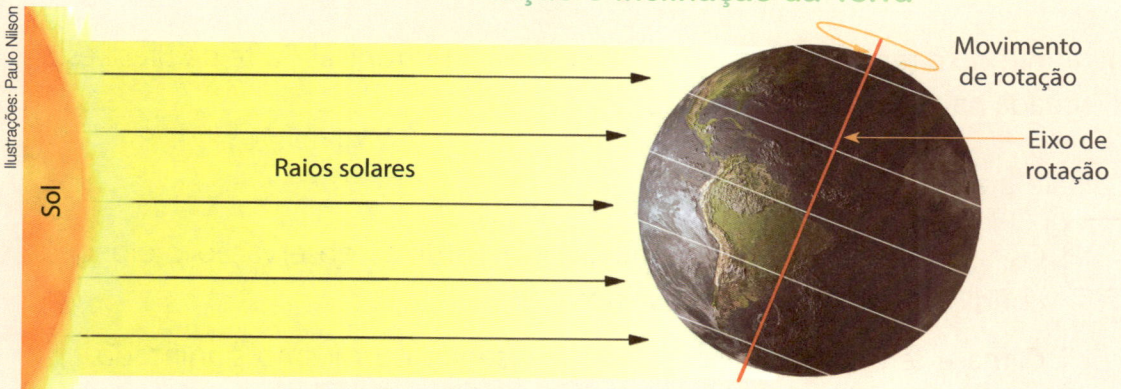

Fonte: Departamento de Física da Universidade Federal do Paraná. Disponível em: <http://fisica.ufpr.br/grimm/aposmeteo/cap2/cap2-1.html>. Acesso em: 12 abr. 2014

A inclinação da Terra faz com que a sua posição em relação ao Sol mude enquanto o planeta gira em torno do Sol no movimento de translação, que dura um ano. Essa diferença de iluminação faz ocorrer as estações do ano. Elas possuem período de duração. Veja os meses em que cada estação ocorre no Hemisfério Sul.

Verão: 21 de dezembro a 19 de março
Outono: 20 de março a 20 de junho
Inverno: 21 de junho a 22 de setembro
Primavera: 23 de setembro a 20 de dezembro

Movimento de translação e estações do ano

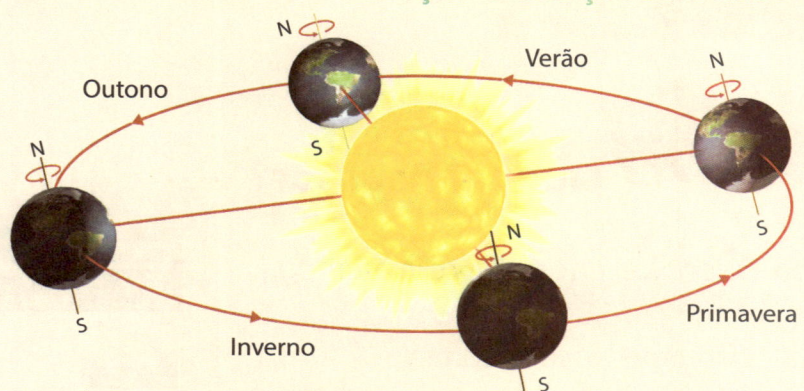

Fonte: Departamento de Física da Universidade Federal do Paraná. Disponível em: <http://fisica.ufpr.br/grimm/aposmeteo/cap2/cap2-1.html>. Acesso em: 12 abr. 2014

Atividades

1. Observe a ilustração das zonas térmicas da Terra na página 114. Complete as frases abaixo:

a) A zona intertropical é limitada pelos _____
_____

b) Nem todo o território brasileiro está na zona intertropical. Parte do Brasil está situada na zona _____

2. Assinale a alternativa correta.

☐ Os tipos de clima são determinados a partir da observação prolongada das condições do tempo atmosférico.

☐ Clima e tempo são palavras que apresentam o mesmo significado.

3. Relacione e ligue as duas colunas.

Coluna 1	Coluna 2
Zona mais bem iluminada da Terra	23 de setembro
Clima predominante no Brasil	Zona intertropical
Movimento do planeta que determina os dias e as noites	Translação
Início da primavera no Hemisfério Sul	Rotação
Movimento da Terra que faz com que ocorram as estações do ano	Tropical

Que tal acessar?

Climatempo. Disponível em: <www.climatempo.com.br>. Acesso em: 13 jan. 2014.

Nessa página da internet você encontra informações sobre o tempo atmosférico e o clima de todo o Brasil.

Trabalhar com MAPA

Climas do Brasil

Apesar de a maior parte do Brasil apresentar clima tropical, existem outros tipos de clima em nosso país. Descubra no mapa abaixo alguns deles.

Brasil: climas

- **Equatorial**: Chuvas abundantes e temperaturas médias entre 24°C e 26°C.
- **Semiárido**: Chuvas mal distribuídas ao longo do ano e temperaturas médias em torno de 27°C.
- **Tropical**: Apresenta uma estação chuvosa e outra seca e temperaturas médias superiores a 20°C.
- **Subtropical**: Chuvas bem distribuídas ao longo do ano, com temperaturas médias inferiores a 18°C.
- **Tropical úmido**: Chuvas mais intensas no verão e temperaturas médias entre 18°C e 22°C.

Fonte: **Atlas geográfico escolar**. 6. ed. Rio de Janeiro: IBGE, 2012.

Junte-se a um colega e respondam às questões acompanhando o **mapa de climas do Brasil**.

1. No estado em que vocês vivem:

   a) predomina que tipo de clima? _____

   b) costuma chover muito ou pouco durante o ano? _____

   c) faz muito calor? Qual é a temperatura média do ar? _____

2. Imagine que vocês vão viajar a outro estado do Brasil. Escolham o estado, preparem uma lista do que vão encontrar e como devem se preparar para o clima do lugar.

- Nome do estado.
- Temperatura média.
- Ocorrência de chuvas.
- Vestimentas necessárias para acompanhar o clima do lugar.

Consequências da ação humana na atmosfera

Você já ouviu falar do efeito estufa?

O **efeito estufa** é um fenômeno que acontece naturalmente no planeta Terra. Ele é provocado por alguns gases da atmosfera, que absorvem parte da energia solar que atinge a Terra. Esses gases permitem que o calor fique retido no planeta e não volte para o espaço.

Esse fenômeno é muito importante para o planeta, pois mantém a superfície terrestre com as temperaturas que permitem que haja vida. Sem ele não haveria condições para a existência da maioria das formas de vida que conhecemos.

Radiação: transmissão de energia por meio do espaço.

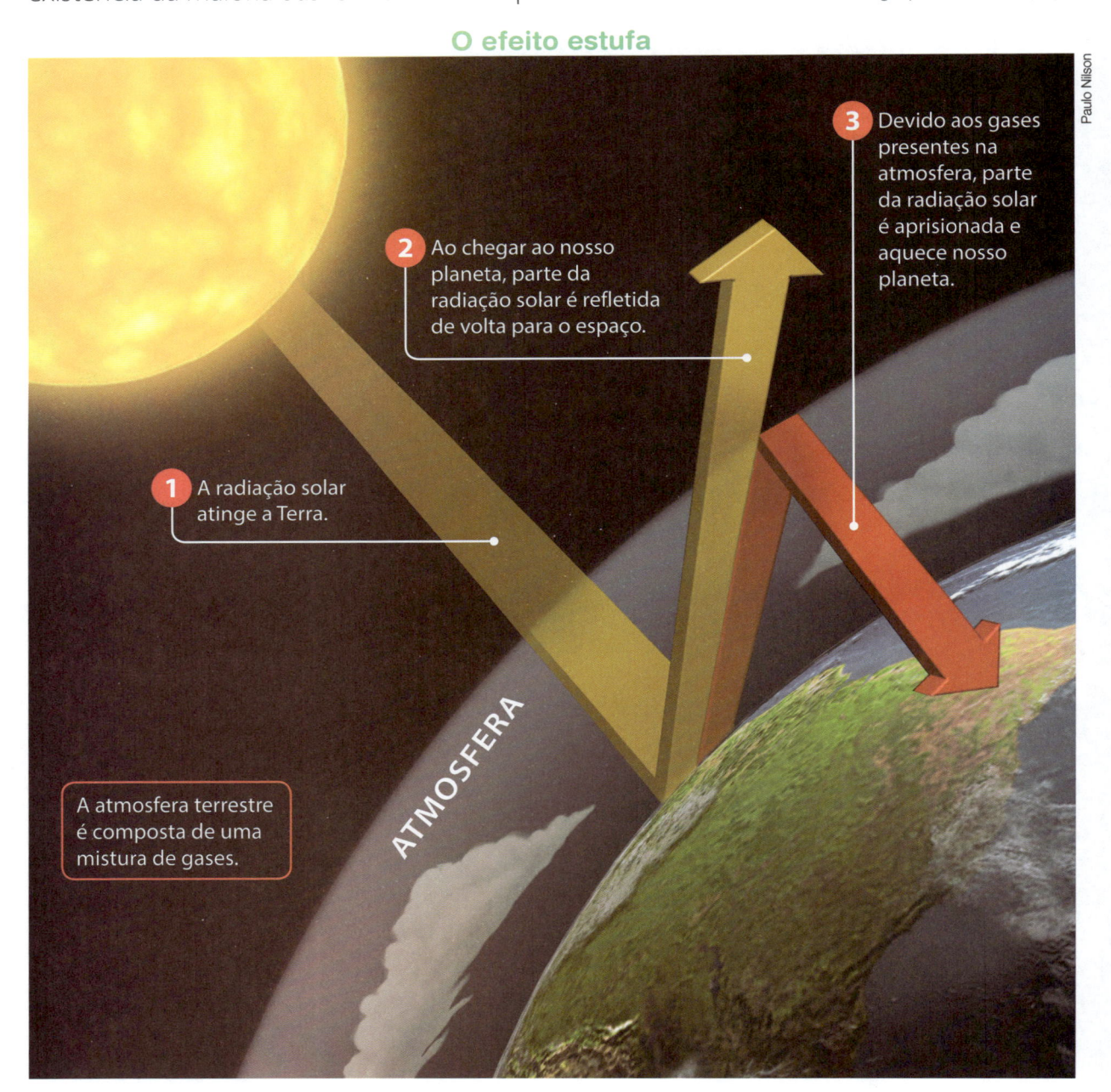

O efeito estufa

1. A radiação solar atinge a Terra.
2. Ao chegar ao nosso planeta, parte da radiação solar é refletida de volta para o espaço.
3. Devido aos gases presentes na atmosfera, parte da radiação solar é aprisionada e aquece nosso planeta.

A atmosfera terrestre é composta de uma mistura de gases.

ATMOSFERA

Apesar de o efeito estufa ser um processo natural, os seres humanos têm aumentado seu efeito, provocando a elevação das temperaturas da Terra. Isso ocorre pois os gases liberados pelas chaminés das fábricas, escapamentos dos automóveis e queimadas aumentam a barreira da atmosfera que retém a energia solar, fazendo com que mais calor fique retido no planeta.

A elevação das temperaturas médias da Terra pode causar sérios problemas ambientais, como o derretimento de geleiras e calotas polares, que podem provocar a elevação do nível do mar e a inundação de cidades litorâneas. Outra consequência pode ser a alteração dos ambientes em que vivem diversas espécies de animais e vegetais, que passam a correr risco de extinção.

Queimadas: eventos de destruição da vegetação pelo fogo. As queimadas podem ser naturais ou causadas pelos seres humanos.
Geleiras e calotas polares: grandes massas de gelo que se formam em áreas montanhosas e nos polos da Terra.
Extinção: desaparecimento; destruição.

Poluição

Os gases poluentes emitidos para a atmosfera não contribuem somente para acelerar o processo do efeito estufa, eles também prejudicam a saúde dos seres humanos, causando, principalmente, problemas respiratórios. Por isso, as pessoas buscam cada vez mais alternativas para diminuir a poluição do ar.

Uma das alternativas para diminuir a poluição do ar é, quando possível, usar menos o automóvel. Pode-se usar, por exemplo, a bicicleta. Há também diversas pesquisas criando opções de combustíveis menos poluentes. Já existem até carros que funcionam movidos a energia elétrica e não emitem gases nocivos na atmosfera.

Aos poucos, as pessoas têm tomado consciência do problema e vêm reduzindo a quantidade de gases e poluentes lançados na atmosfera. Ainda assim, temos um grande trabalho a fazer!

O carro elétrico emite menos poluente na atmosfera. Aos poucos o uso desse tipo de automóvel no Brasil está crescendo. Na imagem, carro elétrico sendo carregado na cidade do Rio de Janeiro, Rio de Janeiro. Foto do ano de 2013.

Atividades

1. Assinale apenas as afirmações corretas.

    a) ☐ O efeito estufa é um processo natural.

    b) ☐ Os seres humanos não alteram os processos atmosféricos.

    c) ☐ Os gases liberados pelas chaminés das fábricas, pelos escapamentos dos automóveis e pelas queimadas contribuem para o aquecimento do planeta.

    d) ☐ Os gases poluentes prejudicam a saúde dos seres humanos.

2. Cite alternativas para evitar a poluição atmosférica.

_____

_____

Ao estudar o tema **O tempo atmosférico e o clima**, que descobertas você fez?

Os jornais, a televisão, o rádio e a internet transmitem diariamente a previsão do tempo. Essa previsão é baseada em informações que são fornecidas pelos meteorologistas, profissionais que se dedicam a estudar o tempo atmosférico.

Observe o mapa de previsão do tempo reproduzido abaixo.

Previsão do tempo

Fonte: Centro de Previsão de Tempo e Estudos Climáticos (CPTEC/Inpe). Disponível em: <www.cptec.inpe.br>. Acesso em: 20 jun. 2014.

1. Imagine que você é um repórter e utilizará o mapa para dizer à população como ficará o tempo. Responda:

- Quais são as condições gerais do tempo no país?
  _____
  _____
  _____

- O que indicam as diferenças na coloração do território brasileiro no mapa?
  _____
  _____

Unidade 7
PLANTAS E ANIMAIS DO BRASIL

1. Qual é a diferença do modo de vida dos animais que aparecem na televisão e do animal que vive na casa representada?
2. Em qual situação os animais estão vivendo em seu ambiente natural?
3. O ambiente natural desses animais e de muitos outros animais brasileiros está cada vez mais ameaçado. Você sabe que ameaças são essas?

Ilustração Danilo Souza. Foto: Carlos Santanna. Rio 2. EUA 2014. Foto: 20thCentFox/Courtesy Everett Collection/Latinstock.

Nesta unidade, vamos estudar:

- a relação entre as plantas nativas e os animais silvestres;
- o tráfico de animais silvestres;
- a vegetação do Brasil;
- o desmatamento;
- os cuidados e a preservação da flora e da fauna.

1 A flora e a fauna

> Você sabia que os animais dependem das plantas?
> Você acha que as plantas também precisam dos animais?

A **flora** é uma presença marcante das paisagens brasileiras e desenvolve um papel muito importante na vida dos seres humanos e dos animais silvestres.

Os animais silvestres do Brasil compõem a **fauna** do país.

A fauna e a flora dependem uma da outra para que haja um equilíbrio no ambiente.

Jacarés em meio à vegetação do Pantanal, no município de Poconé, Mato Grosso. Foto do ano de 2013.

A flora serve de abrigo, proteção e alimento para várias espécies de animais. Por sua vez, os animais levam pólen de uma planta para outra, comem os frutos, espalhando as sementes, além de enriquecerem o solo com restos de comidas e fezes, ajudando na germinação das sementes. Assim, fauna e flora têm uma relação de equilíbrio.

Além dos animais, elementos naturais também ajudam na formação da flora. As águas da natureza (chuva, rios, mar, entre outros) também ajudam a semear. O calor do Sol, a água e os minerais que existem no solo ajudam as plantas a germinarem e a crescerem.

A derrubada das plantas nativas também prejudica a fauna, pois isso causa o desequilíbrio do ambiente.

O desmatamento afugenta os animais, que saem à procura de alimentos em outros ambientes. Muitas vezes se instalam em locais que já são ocupados pelo ser humano, causando conflitos entre pessoas e animais.

Sagui andando em fiação elétrica na cidade de São Paulo, São Paulo. Foto do ano de 2013.

O desaparecimento de algumas aves provocou a extinção de diversas espécies de plantas, pois elas são importantes dispersoras de sementes. Tucano em Bonito, Mato Grosso do Sul. Foto do ano de 2011.

Dispersor: que espalha, distribui algo.

Atividades

1. Se algumas espécies de plantas desaparecessem, os animais sofreriam as consequências disso?

_____
_____
_____
_____

2. Leia o texto abaixo e responda.

[...]

São muitas as aplicações dos vegetais na alimentação, medicina, vestuário, habitação e na atividade industrial.

É um hábito antigo do homem fazer uso das plantas. Com o passar do tempo, acabamos descobrindo que muitos vegetais, além de atenderem às nossas necessidades básicas de alimentação e de abrigo, podiam também ser utilizados para curar doenças.

Com os avanços tecnológicos, passamos a usar mais e mais substâncias medicinais vindas dos vegetais, trazendo novas oportunidades de cura e melhoria da nossa qualidade de vida.

[...]

Fonte: Instituto Brasileiro de Geografia e Estatística (IBGE). Disponível em: <http://7a12.ibge.gov.br/vamos-conhecer-o-brasil/nosso-territorio/fauna-e-flora>. Acesso em: 19 abr. 2014.

- Após a leitura do texto você pode afirmar que os seres humanos também dependem da flora? Dê exemplos.

_____
_____
_____

Que tal ler?

A abelha, de Ligia Ricetto. São Paulo: Editora Nova Espiral, 2011.
O livro conta a história da abelha, mostra como ela produz o mel e fala da importância desse pequeno inseto para a flora.

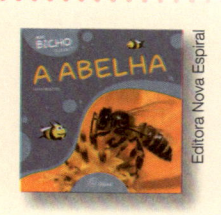

Fique sabendo

O Brasil possui uma grande biodiversidade, com muitas espécies de plantas e animais que habitam o seu território. A beleza, principalmente dos animais silvestres, chama atenção e isso tem causado um grande problema – o tráfico de animais.

O tráfico de animais é a venda ilegal de animais silvestres. Esses animais são retirados da natureza e vendidos tanto no Brasil quanto em outros países. Assim, os animais deixam de ser livres na natureza para viverem engaiolados em ambientes que não são naturais para eles.

A venda de animais recolhidos da natureza é um dos atos responsáveis pela extinção de diversas espécies.

Durante a retirada e o transporte, os animais são colocados em situações precárias. Muitas aves têm suas asas cortadas para não fugirem e são acomodadas em gaiolas apertadas com muitas outras. A maioria dos animais morre durante esse percurso e aqueles que sobrevivem passam a viver em ambientes que não são apropriados ao seu modo de vida. Na imagem, animais silvestres traficados, resgatados pelo Ibama em Ilhéus, Bahia. Foto do ano de 2012.

No Brasil, o Ibama é o órgão do governo responsável pela preservação e conservação ambiental. Eles fazem a fiscalização para impedir crimes ambientais, como o tráfico de animais e punir os responsáveis por esse ato.

Ibama: Instituto Brasileiro do Meio Ambiente e dos Recursos Naturais Renováveis.

Muitos sabem os problemas que o tráfico de animais causa. Por isso, já existem diversas campanhas para conscientizar as pessoas, na tentativa de acabar com esse crime.

Veja abaixo cartazes de campanha contra o tráfico de animais.

Cartaz da Campanha Nacional do Combate ao Tráfico de Animais Selvagens, no ano de 2013.

Campanha nacional do Conselho Federal de Medicina Veterinária (CFMV) contra o tráfico de animais. A campanha foi lançada em vários municípios do Brasil em maio de 2013.

Atividades

1. Agora é sua vez de ajudar a combater o tráfico de animais. Utilize o espaço abaixo e faça uma campanha com imagens de animais silvestres do Brasil. Você pode colar imagens de animais e também desenhá-los.

Não se esqueça de deixar, também, uma frase para conscientizar as pessoas de que o tráfico de animais prejudica o meio ambiente.

2. Depois de promover a campanha contra o tráfico de animais, desenhe no espaço abaixo uma imagem de como você gostaria de ver os animais nas paisagens brasileiras. Capriche!

O TRÁFICO DE ANIMAIS PREJUDICA OS ANIMAIS E O MEIO AMBIENTE. PROMOVA UMA CAMPANHA CONTRA ESSE CRIME.

Que tal ler?

O menino e a gaiola, de Sônia Junqueira. Belo Horizonte: Autêntica Editora, 2008.

Depois de capturar um passarinho, um menino percebe pelas situações que vive em seu dia que o que fez não era certo e volta correndo para soltar o pequeno animal.

A vegetação nativa do Brasil

O conjunto da flora compõe a vegetação. O Brasil possui grande diversidade em sua vegetação, que é classificada de acordo com o predomínio de algumas espécies em determinada área do território.

Veja no mapa abaixo como se distribui a vegetação no Brasil.

Brasil: Vegetação

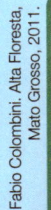

Floresta Amazônica
Predominam árvores próximas umas das outras. Reúne grande variedade de espécies vegetais e animais.

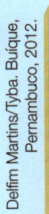

Caatinga
Reúne espécies vegetais próprias de lugares mais quentes, onde não há grande quantidade de chuva. Em geral, essa vegetação tem folhas grossas, com espinhos e raízes profundas que acumulam água.

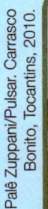

Mata dos Cocais
Predomínio de palmeiras, como a carnaúba e o babaçu. De seus cocos se extrai o óleo, usado na indústria de alimentos, remédios e cosméticos.

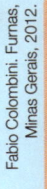

Cerrado
Predominam árvores de troncos retorcidos e casca grossa, junto à vegetação rasteira, que recobre o solo.

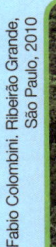

Mata Atlântica
A Mata Atlântica ocupava uma larga faixa do litoral brasileiro. Hoje está reduzida a áreas protegidas pelos Parques Nacionais e reservas florestais.

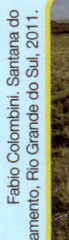

Campos
Predomina a vegetação rasteira, com poucas árvores. Esse tipo de vegetação é muito usado como pasto para o gado criado na região.

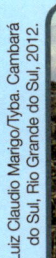

Mata das Araucárias (ou Mata dos Pinhais)
Na Mata das Araucárias ou Mata dos Pinhais predomina o pinheiro-do-paraná, árvore que produz um fruto chamado pinhão. Essa vegetação está hoje bastante reduzida.

Campinarana
Também conhecida como campina, essa vegetação mescla campo e pequenas árvores.

Pantanal

Vegetação variada, com árvores típicas de florestas, espécies de cerrado e de campos. Esse conjunto é chamado Complexo do Pantanal. Essa vegetação sofre grande influência da variação dos rios do local, onde parte fica alagada na época das chuvas.

Mario Friedlander/Pulsar. Barão de Melgaço, Mato Grosso, 2010.

Vegetação litorânea

É formada de vegetação rasteira e de pequenos arbustos e árvores com raízes expostas. Crescem na areia das praias, nas dunas, nos manguezais.

Mauricio Simonetti/Pulsar. Barreirinhas, Maranhão, 2013.

Legenda:
- Floresta Amazônica
- Mata dos Cocais
- Mata Atlântica
- Mata das Araucárias
- Caatinga
- Cerrado
- Campos
- Campinarana (campinas do Rio Negro)
- Complexo do Pantanal (cerrado e campos inundáveis)
- Vegetação litorânea (mangue, restinga, jundu)

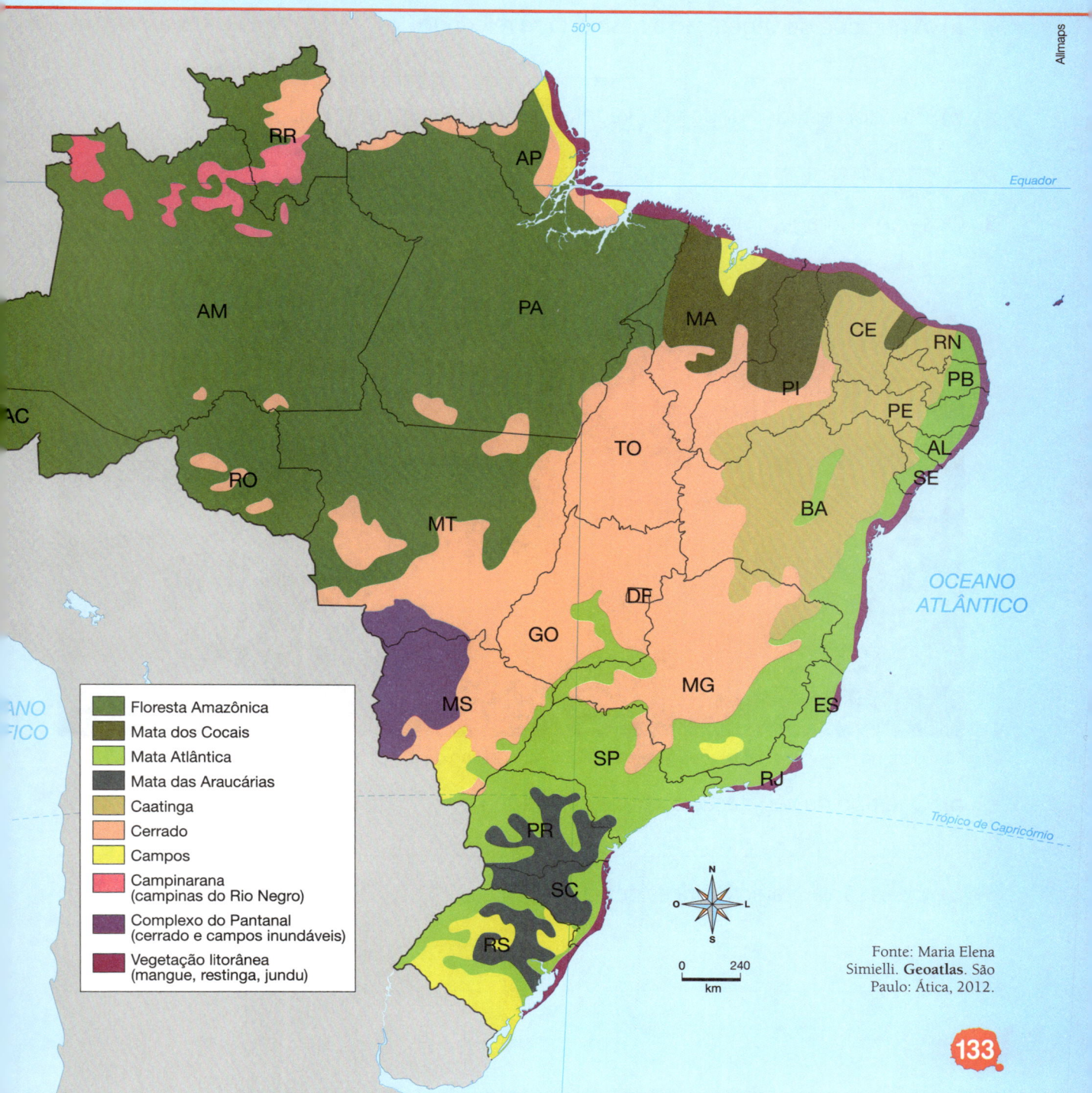

Fonte: Maria Elena Simielli. **Geoatlas**. São Paulo: Ática, 2012.

Atividades

1. Observe o mapa da vegetação do Brasil na página 133. Que tipos de vegetação são típicos do estado onde você mora?

_____

2. "Árvores e vegetação rasteira se misturam. Suas plantas possuem troncos retorcidos e casca grossa." Sobre essa frase, responda:

a) A que tipo de vegetação a frase está se referindo?

_____

b) Cite dois estados onde essa vegetação pode ser encontrada.

_____

3. Observe a imagem abaixo e responda.

Paisagem no município de Salgueiro, Pernambuco. Foto do ano de 2012.

a) Que tipo de vegetação aparece na imagem?

_____

b) Quais são as características dessa vegetação?

_____
_____

Ler para entender

Como você aprendeu, a vegetação tem grande importância na vida de todos. Mesmo assim, a flora do Brasil e do mundo continua sendo devastada. Leia o texto abaixo e entenda um pouco mais sobre o assunto.

Desmatamento e queimadas

Começamos pelo problema do **desmatamento**, que significa a retirada indiscriminada de árvores de uma determinada região. Para você ter uma ideia, o INPE – Instituto Nacional de Pesquisas Espaciais – registrou em maio deste ano (ano base: 2010) uma área de desmatamento de 109,6 km² somente na Amazônia. Essa área corresponde a quase seis vezes o tamanho da ilha de Fernando de Noronha, em Pernambuco. Constatamos assim que o desmatamento cresce em larga escala e, como já sabemos, isso interfere no processo de aquecimento global, que por sua vez interfere ou vai interferir na vida de cada um de nós, cedo ou tarde. As causas do desmatamento são basicamente a exploração madeireira, ou seja, o corte de árvores para serem comercializadas e também pelo avanço da agropecuária em regiões de florestas nativas.

Outro problema muito sério são as **queimadas**, que são praticadas na preparação do solo para a agricultura e nos meses de maior seca representa uma das principais causas do alastramento do fogo nas matas do país, destruindo milhares de hectares de árvores.

[...]

Fonte: **Desmatamento e queimadas**. Smart Kids. Disponível em: <www.smartkids.com.br/especiais/desmatamento-e-queimadas.html>. Acesso em: 19 abr. 2014.

1. Com base em seus conhecimentos e na leitura do texto, responda:

a) É correto afirmar que o desmatamento prejudica as pessoas e os animais?

_____

b) O texto cita outro problema ambiental para o qual o desmatamento contribui. Que problema é esse?

_____

2. Reúna-se com um colega para pesquisar sobre o desmatamento no Brasil. Juntos, insiram dados sobre o desmatamento no país, alertando para os problemas que isso pode causar.

2 É preciso preservar a fauna e a flora

Como podemos ajudar na preservação das plantas e dos animais?
Que soluções para isso já estão sendo praticadas?

A vegetação natural do Brasil já foi bastante destruída pelas ações das pessoas. No seu lugar foram construídos campos de pastagem, locais para plantio de produtos agrícolas, indústrias, cidades, entre outras construções. Como resultado, temos a modificação das paisagens pelos seres humanos.

Área com Floresta Amazônica ainda preservada no município de Caseara, Tocantins. Foto do ano de 2011.

Floresta Amazônica com área desmatada para dar lugar à agricultura, no município de Santarém, Pará. Foto do ano de 2013.

O que estamos fazendo para recuperar os ambientes naturais, proteger a flora e a fauna e usar corretamente os recursos disponíveis?

A conscientização das pessoas é muito importante para que as áreas naturais sejam preservadas. Por isso, aos poucos a educação ambiental mostra-se cada vez mais presente nas escolas. Além disso, campanhas de educação e de conscientização têm se popularizado. Elas nos ensinam a respeitar a natureza.

Nos últimos tempos, algumas leis de proteção ao meio ambiente e de defesa das espécies vegetais e animais ameaçadas de extinção foram aprovadas.

Houve também aumento do número de Áreas de Proteção Ambiental (APA) e Parques Nacionais, que são áreas de conservação ambiental protegidas pelo Ibama e têm como objetivo preservar recursos naturais e culturais.

A Mata Atlântica é uma das vegetações mais desmatadas. Mas ainda há áreas remanescentes, que hoje são protegidas por lei. Mata Atlântica no município de Cubatão, São Paulo. Foto do ano de 2013.

Atividades

1. Leia algumas das leis em defesa dos animais e das plantas, criadas para garantir a existência dos ambientes naturais.

De acordo com a Lei de Proteção à Fauna, Lei nº 5.197/67, a utilização, perseguição, destruição, caça ou apanha da fauna silvestre brasileira, bem como de seus ninhos, abrigos e criadouros naturais, é crime punível com pena de um a três anos de prisão. A Lei nº 7.653/88, que a alterou, determina o crime como inafiançável, ou seja, o infrator terá que aguardar o julgamento preso.

Criadouros naturais: ambientes onde os animais são criados livres, mesmo assim há intenção comercial.
Inafiançável: que não pode ser resolvido através do pagamento de uma quantia de dinheiro.
Infrator: pessoa que desrespeita uma legislação.

- Qual é a importância dessa lei na preservação do meio ambiente?

_____

_____

2. Complete, no diagrama, as palavras que estão em destaque no texto abaixo.

As ações das **Pessoas** destruíram a **Vegetação** natural do nosso país. O crescimento de **Cidades**, a criação de campos para **Pastos** e plantações modificaram **Paisagens**. Hoje, devemos preservar o que ainda temos!

Ler para interpretar

Armandinho é um personagem criado por Alexandre Beck.
Ele é um menino bastante curioso e muito esperto.
Leia nos quadrinhos a conversa de Armandinho com um adulto.

- Sobre a tirinha, converse com os colegas.

a) O que o adulto está perguntando para Armandinho?

b) O que ele respondeu?

c) Você gostou da resposta de Armandinho? Por quê?

d) O que você entende pela seguinte frase falada por Armandinho: "Tentem não destruir tudo até lá!"?

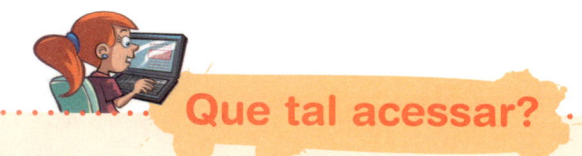

Que tal acessar?

Instituto Chico Mendes de Conservação da Biodiversidade. Disponível em: <www.icmbio.gov.br/portal/o-que-fazemos/visitacao/parques.html>. Acesso em 21 jun. 2014.

Nesse *link* você vai conhecer um pouco sobre os Parques Nacionais do Brasil

Um pé de quê? Disponível em: <www.umpedeque.com.br/bkp/site_umpedeque>. Acesso em: 21 jun. 2014.

Esse *site* remete ao programa de televisão chamado *Um pé de quê?*. Você aprende curiosidades e tem acesso a muitas informações sobre árvores que fazem parte da vegetação do Brasil.

Trabalhar com MAPAS

Vamos comparar diferentes mapas de vegetação do Brasil para identificar a situação dessa vegetação no estado onde você vive.

Observe o mapa abaixo.

Brasil: áreas desmatadas

Fonte: **Atlas geográfico escolar**. 6. ed. Rio de Janeiro: IBGE, 2012.

Como fazer:

- Coloque um papel de seda ou vegetal sobre o mapa **Brasil: áreas desmatadas**.
- Faça o contorno do Brasil e da área desmatada.
- Sobreponha seu traçado ao mapa da vegetação do Brasil, na página 133. Observe o estado que você vive e responda:
- Qual é a situação atual da vegetação do estado onde você mora? Ela está conservada ou bastante devastada?

_____
_____
_____
_____

Observe agora o mapa **Brasil: unidades de conservação**.

Brasil: unidades de conservação

- até 300 000 hectares
- de 300 001 a 500 000 hectares
- acima de 500 001 hectares

Fonte: **Atlas geográfico escolar**. 6ª ed. Rio de Janeiro: IBGE, 2012.

Como fazer:

- Observe o mapa e indique, no estado onde você mora, uma área de conservação.
- Se houver áreas de conservação, fale um pouco sobre as condições desses locais atualmente.

_____

_____

_____

Como você aprendeu, a fauna do Brasil é admirada por causa da sua diversidade e beleza. Infelizmente, muitos animais começaram a entrar em extinção.

Veja as imagens abaixo, elas mostram animais nativos da fauna brasileira que estão correndo risco de extinção.

Lobo-guará.

Onça-pintada.

Mico-leão-de-cara-dourada.

4

Arara-azul.

1. Você já viu algum desses animais de perto? Se sim, onde?
_____
_____

2. Escolha um dos animais mostrados e faça uma pesquisa que responda às seguintes questões:

a) Em que tipo de flora esse animal é comumente encontrado?
_____
_____

b) Quais são os hábitos alimentares desse animal?
_____
_____
_____
_____

c) Cite um dos motivos por que esse animal está correndo risco de extinção.
_____
_____
_____
_____
_____
_____

Unidade 8
AS ATIVIDADES ECONÔMICAS NO BRASIL

1. A imagem representa um tipo de comércio comum no Brasil, a feira. Você já foi a alguma feira de rua?
2. Você já comprou algum alimento em uma feira? Sabe como eles foram produzidos antes de você comprar?
3. E outros produtos, como roupa, sapato, materiais escolares, você sabe qual caminho percorrem até que você possa comprá-los?

Nesta unidade, vamos estudar:

- as atividades econômicas no Brasil;
- os setores da economia;
- as alterações no meio ambiente causadas pelas atividades econômicas.

1 As atividades econômicas

De onde vieram os alimentos que você comeu hoje?
Como são feitas as roupas que você usa?
Você já comprou algo hoje?

Todos os produtos que compramos e os serviços que usamos no nosso dia a dia são produzidos por algum tipo de atividade econômica. As atividades econômicas geram trabalho e dinheiro para o país.

Veja, abaixo, imagens de atividades econômicas que fazem parte do nosso cotidiano.

As frutas, os legumes e as verduras, que comemos todos os dias, tiveram que ser plantados. Isso foi realizado por uma atividade econômica. Colheita de maçãs em Caxias do Sul, Rio Grande do Sul. Foto do ano de 2011.

Quando compramos algum produto, como roupas, por exemplo, estamos participando diretamente de uma atividade econômica. Loja de roupas infantis em Jacutinga, Minas Gerais. Foto do ano de 2014.

Os brinquedos são fabricados. O processo de transformar recursos naturais em produtos é uma atividade econômica. Fábrica de brinquedos na República Tcheca. Foto do ano de 2011.

Todos nós precisamos de professores para nos ensinar. O professor é um exemplo de prestador de serviço. Todos os dias utilizamos serviços e isso também é uma atividade econômica. Professor dando aula em Boa Vista, Roraima. Foto do ano de 2010.

Os brasileiros trabalham em diferentes atividades econômicas: cultivo de alimentos, criação de animais, extração de vegetais e de minerais, indústria, comércio, prestação de serviços entre outros.

Esse conjunto de atividades é dividido em três grupos ou setores:

- Atividades do setor primário.

Fazem parte do setor primário a agricultura, a pecuária, a extração vegetal, mineral e animal.

- Atividades do setor secundário.

As indústrias, que transformam a matéria-prima em outros produtos, fazem parte do setor secundário.

- Atividades do setor terciário.

Comércios e serviços fazem parte do setor terciário.

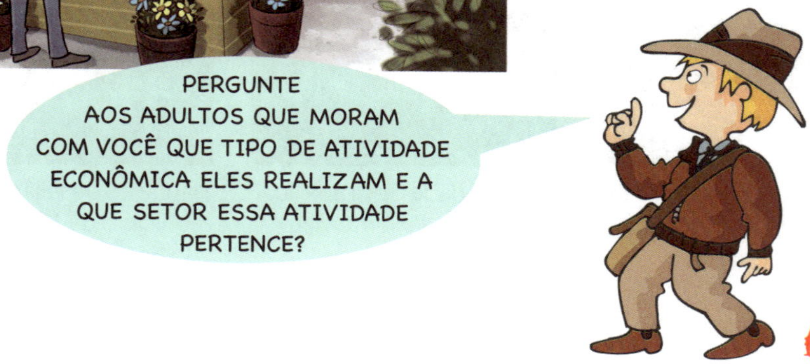

> PERGUNTE AOS ADULTOS QUE MORAM COM VOCÊ QUE TIPO DE ATIVIDADE ECONÔMICA ELES REALIZAM E A QUE SETOR ESSA ATIVIDADE PERTENCE?

Setor primário

A agricultura, a pecuária e o extrativismo correspondem ao setor primário.

Esse setor é responsável por produzir e extrair matéria-prima dos recursos naturais e é considerado a base para os outros setores.

> **Matéria-prima:** é um elemento usado para fabricar outros produtos.

Agricultura

O Brasil é um grande produtor agrícola, ou seja, essa atividade econômica gera muita renda para o país. Muitas pessoas trabalham nessa atividade.

A soja, a cana-de-açúcar e o café são os principais produtos agrícolas produzidos no Brasil. A maior parte dessa produção é exportada, ou seja, vendida para outros países.

Veja, na tabela abaixo, quanto o país produz desses alimentos.

Produtos mais produzidos no Brasil (2011)

Soja	49 069 750 000 quilos
Cana-de-açúcar	26 704 765 000 quilos
Café	1 879 844 000 quilos

Fonte: MINISTÉRIO DA AGRICULTURA, PECUÁRIA E ABASTECIMENTO. **Comércio exterior da agropecuária brasileira**: principais produtos e mercados. Brasília, 2012. Disponível em: <www.brasilglobalnet.gov.br/ARQUIVOS/Publicacoes/Estudos/PUBEstudosComExtMAPAP2012.pdf>. Acesso em: 21 jun. 2014.

Os principais produtos agrícolas são produzidos, normalmente, em grandes propriedades de terra. Porém, no Brasil, muitos cultivos são feitos por pequenos agricultores em porções de terra menores. Esse tipo de produção também é bastante importante, pois grande parte dos alimentos mais consumidos pela população brasileira, como arroz e feijão, por exemplo, são produzidos em pequenas propriedades.

Produção de soja em grande propriedade, com auxílio de máquinas, no município de Tangará da Serra, Mato Grosso. Foto do ano de 2012.

Plantação de feijão em pequena propriedade no município de Mossoró, Rio Grande do Norte. Foto do ano de 2011.

Pecuária

A pecuária é uma atividade econômica muito importante para o Brasil. Sua maior produção é de gado bovino, ou seja, a criação de bois e vacas. Esses animais fornecem carne e leite. O país também se destaca na criação de aves e porcos. Veja nos mapas abaixo em que estados se localizam as maiores criações desses animais.

Gado: conjunto de animais criados para consumo doméstico ou comércio. Existem diversos tipos de gados, o gado caprino reúne bodes e cabras; o gado ovino é composto por ovelhas; o gado suíno é formado por porcos, entre outros.

Criação de gado bovino (2009)

Criação de aves (2009)

Criação de gado suíno (2009)

Mapas: Allmaps

Fonte: **Atlas geográfico escolar**. 6. ed. Rio de Janeiro: IBGE, 2012.

Fonte: **Atlas geográfico escolar**. 6. ed. Rio de Janeiro: IBGE, 2012.

Fonte: **Atlas geográfico escolar**. 6. ed. Rio de Janeiro: IBGE, 2012.

Extrativismo

No Brasil são realizados os três tipos de extrativismo, o animal, o vegetal e o mineral, porém, a atividade econômica que mais se destaca é a extração (vegetal) de madeira. Isso traz problemas ambientais, pois muitas espécies de árvores estão desaparecendo por causa dessa atividade do setor primário.

A extração mineral também é uma importante atividade econômica no Brasil.

A pesca (extrativismo animal) também é uma atividade econômica muito ativa no país, principalmente por causa da rica hidrografia e grande litoral do Brasil.

Palê Zuppani/Pulsar

Além da ação de grandes empresas extrativistas, pratica-se, no Brasil, o extrativismo realizado por pequenas comunidades, que vendem a produção, principalmente, para o comércio local. Trabalhadoras coletando babaçu na Reserva Extrativista Extremo Norte do Tocantins, no Tocantins. Foto do ano de 2010.

Atividades

1. Quais os principais tipos de atividades econômicas praticadas no setor primário no Brasil?

_____

2. Observe alguns produtos do setor primário consumidos na sua moradia. Quais são originados da produção agrícola? Quais derivam da pecuária? E do extrativismo?

_____

_____

_____

3. Observe os mapas da página 149 e responda.

a) Observando os três mapas, qual a maior criação, bovina, suína ou de aves? Como você chegou a essa conclusão?

_____

_____

b) A criação de porcos (gado suíno) está concentrada, principalmente, em três estados do Brasil. Que estados são esses?

_____

c) O estado do Brasil com maior criação de aves é o Pará. Essa afirmação está correta? Como você chegou a essa conclusão?

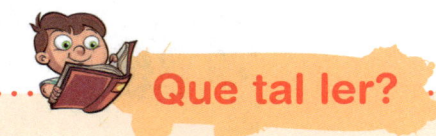

_____

_____

Que tal ler?

Um, dois, três... carneirinhos!, de Mij Kelly. São Paulo: Editora Globinho, 2013.

Samuel é criador de carneiros. Em um dia de forte chuva tem que proteger seu rebanho e acaba levando todo o gado para dentro da sua casa. Isso causa uma grande confusão!

Fique sabendo

O uso das terras no campo e a reforma agrária

No Brasil, a maioria das áreas rurais concentra-se nas mãos de poucos proprietários. Muitas pessoas que vivem no campo não conseguem comprar um pedaço de terra onde possam morar e produzir. Essa situação sempre foi motivo de conflitos e lutas.

Para melhorar as condições de vida e atender às necessidades dos trabalhadores que vivem no campo, muitas pessoas lutam pela **reforma agrária**, que traria uma divisão mais justa de terras.

Atualmente há algumas medidas para que haja a reforma agrária, como, por exemplo, distribuir terras para quem não tem condições de comprar, que estão abandonadas, ou em desuso, ou seja, sem nenhuma atividade econômica sendo desenvolvida ali.

Os trabalhadores que recebem lotes devem cuidar e produzir nesses lugares.

Apesar de a reforma agrária ter avançado, muitos trabalhadores ainda moram em acampamentos, em terrenos ocupados aguardando para receber os lotes de terra de forma legalizada. Essas pessoas formaram um movimento para reivindicar seus direitos chamado Movimento dos Trabalhadores Rurais Sem Terra (MST).

Lote: parte de um terreno que é divido.

Assentamento do MST em fazenda no município de Londrina, Paraná. Foto do ano de 2011.

- Você considera a reforma agrária importante? Explique sua opinião.

Setor secundário

O setor secundário é formado pela atividade econômica industrial. As indústrias são responsáveis pela fabricação de produtos. Nesse setor a matéria-prima é transformada, na maior parte das vezes com o auxílio de máquinas, para dar origem a outros produtos que não são encontrados diretamente da natureza. Roupas, brinquedos, muitos tipos de comida, entre outros estão entre produtos industrializados.

Existem algumas indústrias, chamadas de beneficiamento, que são responsáveis por melhorar e preparar a matéria-prima para a fabricação do produto final. Essas indústrias também têm ligação com a agropecuária. Elas, por exemplo, produzem sementes mais resistentes para o plantio. Essa relação entre agropecuária e indústria é conhecida como agroindústria.

Indústria

Segundo o IBGE, há, no Brasil, mais de 197 730 indústrias (dados de 2011) de diferentes tipos: química, móveis, produtos alimentícios, vestuário, eletrônicos, entre outros.

As indústrias brasileiras são atividades econômicas muito importantes para o país. Elas estão distribuídas por todo o território brasileiro, mas a maior parte está concentrada nos estados de São Paulo e do Rio de Janeiro.

Indústria petroquímica brasileira, localizada no município de Santo André, São Paulo. Foto do ano de 2012.

Setor terciário

O setor terciário é composto por duas atividades econômicas, o comércio e os serviços.

O setor mais notado no nosso dia a dia é o terciário. Quando compramos qualquer coisa, ou usamos um serviço, como pegar um ônibus, por exemplo, estamos participando diretamente desse setor.

Comércio

No Brasil, o comércio é a atividade econômica que mais cresce e que mais gera empregos.

O país exporta muitos produtos produzidos aqui, mas também precisa importar, ou seja, comprar de outros países diversos produtos.

O Brasil vende
Soja
Açúcar
Café
Minérios

O Brasil compra
Petróleo
Aparelhos eletrônicos
Medicamentos
Automóveis

Muitos municípios possuem grandes centros comerciais, onde ficam concentradas várias lojas. A região conhecida como SAARA, na cidade do Rio de Janeiro, é um exemplo de centro comercial. Foto do ano de 2012.

Serviços

A prestação de serviços é realizada por profissionais que atendem as pessoas nos bancos, nos meios de transporte, nas lojas, nos hotéis, no turismo, nas escolas, nos hospitais, nos centros esportivos, entre outros.

É a mais diversificada de todas as atividades.

Os bombeiros são exemplos de prestadores de serviço. Na imagem, bombeiros trabalham para combater incêndio no município do Rio de Janeiro, Rio de Janeiro. Foto do ano de 2014.

Para se divertir

Feira de barganhas

Além da forma convencional de compra e venda por meio do dinheiro, há também outra forma de comércio: o comércio de trocas. O hábito de trocar mercadorias era muito comum antigamente, antes de existir o dinheiro, mas, ainda hoje é praticado por diversas comunidades.

Por exemplo, se você plantasse feijão e quisesse arroz para seu consumo, podia trocar um pouco do feijão que produziu com alguém que plantava arroz.

Nesse caso, barganhava-se, isto é, trocava-se um pelo outro. O importante era conseguir algo que pudesse atender à necessidade das pessoas envolvidas na troca.

Vamos fazer a **Feira de barganhas** na sala de aula?

1. O professor irá marcar um dia para a troca, programe-se.

2. Em casa, separe objetos que você não usa mais, mas que estejam em bom estado. Você pode levar também frutas e outros alimentos para trocar.

3. No dia da feira coloque os objetos que você levou em cima da sua carteira.

4. Todos podem circular na sala para ver os objetos que os colegas levaram. Caso se interesse por algum objeto, converse com o colega e veja se ele também se interessa por algo seu. Se sim, barganhem.

- O que você achou dessa forma de comércio? Precisou gastar algum dinheiro nessa troca?

_____

_____

Atividades

1. Ligue a imagem ao setor correspondente

SETOR PRIMÁRIO

SETOR TERCIÁRIO

SETOR SECUNDÁRIO

2. No município onde você mora há algum centro comercial?

_____

3. Faça uma lista dos serviços que você usa no seu dia a dia.

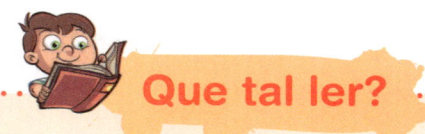

_____
_____

Que tal ler?

O ciclo do arroz, de Cristina Quental e Mariana Magalhães. São Paulo: LeYa, 2012.

Conheça como é feito o plantio do arroz, a colheita e o beneficiamento do produto na indústria.

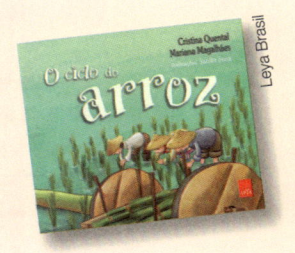

2 A relação entre as atividades econômicas

As atividades econômicas dos três setores (primário, secundário e terciário) dependem umas das outras. Por exemplo, o setor primário produz a matéria-prima necessária para o setor secundário; esses dois setores comercializam sua produção, ou seja, o setor terciário. Veja abaixo um esquema que mostra a produção do molho de tomate.

1 O tomate é plantado, o que é uma atividade do setor primário.

2 O tomate é carregado para a indústria por um motorista de caminhão, que é um prestador de serviço, ou seja, do setor terciário.

3 e 4 Na indústria, o tomate passa por diversos processos, é transformado em molho e enlatado, atividades do setor secundário.

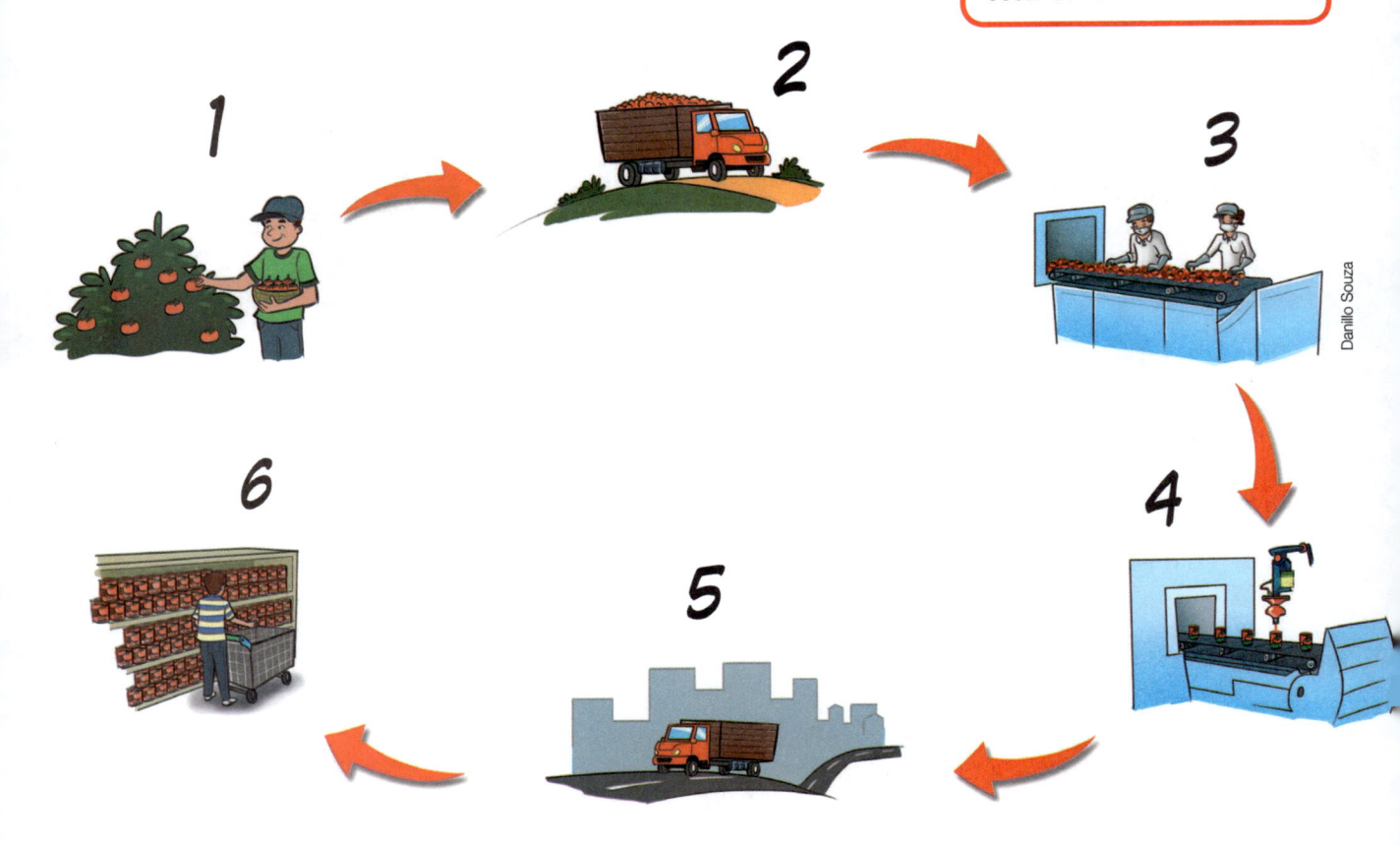

5 e 6 Em seguida, mais uma vez por meio dos serviços de um motorista, o molho de tomate segue para o mercado, onde é vendido. Essas atividades (transporte e comércio) fazem parte do setor terciário.

Observe a imagem. Você consegue perceber a relação entre os três setores da economia?

As atividades econômicas alteram o meio ambiente

A agricultura, a pecuária, o extrativismo, a indústria, o comércio, todas essas atividades econômicas modificam as paisagens e, muitas vezes, são responsáveis por gerar grandes impactos no meio ambiente.

Esses impactos são notados nos desgastes dos solos, na devastação das florestas para a extração de madeira e para criar áreas para a agricultura e pecuária, na poluição dos rios e da atmosfera, principalmente pelas indústrias, pela poluição também causada pelos meios de transportes que levam as mercadorias, entre outros.

Atualmente, há uma maior preocupação em se produzir gerando o mínimo de impacto ambiental possível. Mas ainda é preciso melhorar muito o método de produção de todos os setores da economia.

Esgoto sendo derramado no rio Sorocaba, no município de Sorocaba, São Paulo. Foto do ano de 2010.

Poluição saindo do escapamento do caminhão, na cidade de São Paulo, São Paulo. Foto do ano de 2011.

Atividades

1. Assinale a afirmação verdadeira.

   a) ☐ As atividades econômicas, muitas vezes, prejudicam o meio ambiente.

   b) ☐ Apenas a atividade industrial prejudica o meio ambiente.

   c) ☐ Não é possível reduzir os impactos ambientais para produzir.

2. Assinale verdadeiro (V) ou falso (F).

   a) ☐ As atividades econômicas se relacionam e dependem umas das outras.

   b) ☐ O setor primário comercializa os produtos para o consumidor final.

   c) ☐ O setor terciário produz a matéria-prima necessária para a produção dos produtos.

   d) ☐ Quando uma fruta é plantada, podemos identificar o setor primário.

   e) ☐ O motorista do caminhão que carrega os produtos para os mercados é um prestador de serviços e pertence ao setor terciário.

3. Preencha as frases com as palavras dos quadros.

   | ambiente | extrativismo | impacto | agricultura | comércio |

   a) A _____, a pecuária, o _____, a indústria e o _____ muitas vezes causam grande _____ ao meio _____.

   | atividades | poluição | madeira | ambientais | desgaste |

   b) Pode-se notar os impactos _____ causados pelas _____ econômicas, pelo _____ do solo, pela extração de _____ e pela _____ dos rios.

Ao estudar o tema **As atividades econômicas no Brasil**, que descobertas você fez?

As pessoas usam e transformam os recursos da natureza para manterem seu modo de vida atual. O trabalho que elas realizam depende em grande parte desses recursos.

Os artesãos, profissionais que trabalham com produtos confeccionados à mão ou com instrumentos simples, também usam os recursos naturais para produzir objetos.

Mamulengos são bonecos produzidos com madeira, pano, barro, entre outros materiais, por artesãos. Deles são feito fantoches e, em alguns lugares do Brasil, principalmente no estado de Pernambuco, encontramos apresentações com esses bonecos, são os teatros de mamulengos.

Veja a fotografia abaixo, ela mostra um teatro de mamulengos.

Agora, responda:

- A produção de mamulengos e sua venda fazem parte, respectivamente, de que setores da economia?

Unidade 9
A DIVERSIDADE CULTURAL BRASILEIRA

1. Você acha que a pintura representa alguma característica do Brasil?

2. Você reconhece algum dos personagens representados no quadro?

3. Você diria que a pintura mostra diversidade?

Folclores Nordestinos

Militão dos Santos. 2012. Acrílico sobre tela. Coleção particular.

Nesta unidade, vamos estudar:

- diversidade cultural no Brasil;
- algumas festas populares brasileiras;
- músicas e danças do Brasil;
- comidas típicas do Brasil.

1 Características culturais do Brasil

> O que você sabe sobre a cultura brasileira?

Como você já sabe, o Brasil é formado por povos de diferentes origens e etnias. A cultura dos africanos, indígenas, europeus e outros povos se misturaram, formando características encontradas somente aqui. Assim, o país possui rica diversidade cultural, que se expressa em festas populares, música, arte, culinária e até no modo de falar.

Festas populares

O Brasil é conhecido por ser um país bastante festivo. Veja algumas imagens de festas tradicionais brasileiras.

Apresentação de bumba meu boi, em São Luís, Maranhão, 2013. Esta é uma festa tradicional do mês de junho no Maranhão.

Carnaval em Olinda, Recife, 2010. O carnaval é uma das festas brasileiras mais conhecidas. As formas de comemoração variam em cada estado. Em Olinda, a apresentação de bonecos gigantes é tradição.

Apresentação de dança durante a Festa da uva, em Caxias do Sul, Rio Grande do Sul, 2014. Essa festa tradicional tem grande influência dos imigrantes.

Apresentação de trança de fitas em São Luís do Paraitinga, São Paulo, 2013. Todo ano a cidade atrai pessoas de muitos lugares para ver as apresentações dessa tradicional festa.

Mascarados em apresentação na cavalhada em Pirenópolis, Goiás, no ano de 2012.

Apresentação de quadrilha de festa junina em Campina Grande, Paraíba, no ano de 2011.

Como você pôde perceber, observando as fotos, cada lugar do país tem festas diferentes, o que faz do Brasil uma nação rica em diversidade e manifestações populares.

Atividades

1. Você conhece alguma festa representada nas fotos? Qual?

_____

2. Qual a festa mais popular da região onde você mora?

_____

3. Você participa dessas festas?

_____
_____
_____

> PROCURE SABER MAIS SOBRE ESSE TEMA. VOCÊ VAI SE SURPREENDER COM A DIVERSIDADE DE FESTAS TÍPICAS BRASILEIRAS.

4. Você considera essas festas importantes? Por quê?

_____
_____
_____
_____
_____

Ritmos e danças brasileiras

A música brasileira também tem influências de diversas culturas. A variedade de ritmos é grande, e entre os mais conhecidos estão: o samba, o choro, o maracatu, a bossa nova, o forró, o axé, entre outros.

Assim como a variedade de músicas, o país possui, também, muitas danças típicas. O samba é uma das danças brasileiras mais conhecidas.

Luiz Gonzaga é um dos mais importantes compositores e cantores brasileiros de forró. Na foto, o rei do baião, como era chamado, em apresentação na cidade de São Paulo. Foto do ano de 1985.

A dança e o ritmo maracatu tiveram origem em Pernambuco, com influência africana. Na imagem, apresentação de maracatu em Paraty, Rio de Janeiro. Foto do ano de 2012.

O frevo é uma dança característica por suas roupas e sombrinhas coloridas. Na imagem, apresentação de frevo em Recife, Pernambuco. Foto do ano de 2012.

Paulo Giovani/Futura Press

A moda de viola é a música da catira, ritmo em que os homens batem palmas ao comando do violeiro. Apresentação de dança catira em Anápolis, Goiás. Foto do ano de 2010.

Leila Valduga/Moment/Getty Images

No sul do país, uma das danças mais populares é o fandango, reconhecido por seus trajes típicos. Na imagem, apresentação de fandango no Rio Grande do Sul. Foto do ano de 2013.

Fernando Araújo/Futura Press

O carimbó é a mistura de ritmos indígenas e africanos.

Atividades

1. Sobre músicas e danças, responda.

   a) Qual ritmo da música brasileira é o seu preferido?
   _____

   b) Que instrumentos são usados nesse tipo de música?
   _____
   _____

   c) Esse tipo de música é tradicional do Brasil?
   _____

2. Represente suas preferências musicais. Ilustre os instrumentos usados, a vestimenta mais tradicional para essa música e mais elementos que considerar importante.

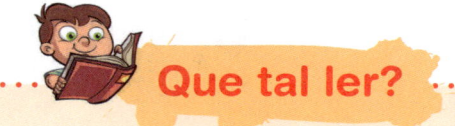

Que tal ler?

A escola do cachorro sambista, de Felipe Ferreira. São Paulo: Editora Ática, 2009.

Com esse cachorro festeiro você aprende mais sobre a história de uma festa muito popular no Brasil: o Carnaval.

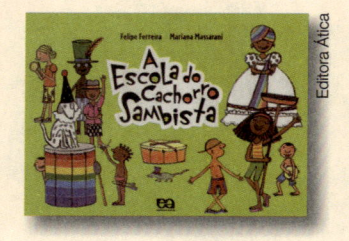

3. Escolha uma festa popular brasileira e faça uma pesquisa. Busque informações sobre sua origem e característica. Depois, com imagens sobre essa festa, faça uma montagem mostrando seus principais elementos.

SE PREFERIR, ILUSTRE O QUADRO COM IMAGENS DA FESTA QUE VOCÊ ESCOLHEU.

Fique sabendo

A origem do samba

O samba é considerado uma das maiores manifestações da cultura popular do Brasil. A origem do samba no nosso país está nos cantos e nas danças que os negros escravizados trouxeram para a Bahia, no século XIX. Mas foi no Rio de Janeiro que o samba se firmou e se tornou popular.

O ritmo mais conhecido do país passou por várias modificações, ao longo do tempo, até se tornar o que conhecemos hoje. É um ritmo alegre e contagiante e o Brasil é conhecido no mundo todo por ser, também, o país do samba.

Violão.

Surdo.

Cavaquinho.

Cuíca.

Tamborim.

Pandeiro.

- Você conhece algum dos instrumentos utilizados para tocar o samba? Quais?

2 A cultura brasileira na vida das crianças

Você já brincou hoje?
Do que você costuma brincar?

As crianças também participam e enriquecem a cultura brasileira. A cultura do Brasil está no seu dia a dia, no que você come, veste e também nas brincadeiras que você participa.

As brincadeiras estão presentes na vida e na história das crianças do Brasil. Veja abaixo algumas brincadeiras populares no Brasil.

Ilustrações: Danillo Souza

Fique sabendo

Brinquedos e brincadeiras

Pipa, quadrado, papagaio, raia, pandorga, arraia. Esses são os nomes pelo qual é conhecido esse brinquedo que ainda encanta muitas crianças em todo o Brasil.

As pipas surgiram na China há muito tempo. Elas eram usadas como forma de sinalização nos campos chineses por meio dos desenhos, das cores e dos movimentos. Os portugueses trouxeram as pipas para o Brasil e aqui foram transformadas em uma maneira bem divertida de brincar.

A peteca é um brinquedo de origem indígena. Os portugueses, quando chegaram nas terras brasileiras, viram os indígenas brincando com uma pequena trouxinha feita de folhas e cheia de pedras, amarrada a uma espiga de milho.

Com o tempo, a peteca foi se transformando e hoje é usada em jogos muito animados.

Atividades

1. Você conhece alguma das brincadeiras mostradas nas imagens? Qual delas você gosta mais?

_____

_____

2. Sobre suas preferências, responda:

a) Qual a sua brincadeira favorita? Ela é uma brincadeira popular brasileira?

_____

b) Você gosta de alguma brincadeira que seja típica do Brasil? Qual?

_____

3. Observe a imagem abaixo. A ilustração mostra crianças participando de uma brincadeira típica brasileira. Você sabe que brincadeira é essa? Faça uma pesquisa e responda o nome da brincadeira e as regras para brincar.

_____

_____

_____

_____

_____

_____

Que tal acessar?

Território do brincar. Disponível em: <www.territoriodobrincar.com.br>. Acesso em: 10 jun. 2014.

Esse portal traz diversas curiosidades sobre o dia a dia e as brincadeiras de crianças em diversos lugares do Brasil.

Culinária brasileira e cultura

Você sabia que nossa comida também faz parte da cultura?

A comida brasileira é famosa por ser bastante saborosa e variada. A feijoada, o pão de queijo, a pamonha, a moqueca, o acarajé, o tacacá são algumas das delícias tradicionais do Brasil.

Nas fotos a seguir estão representados alguns pratos típicos do Brasil.

A feijoada é preparada com feijão-preto e vários tipos de carne, principalmente a de porco. Esse é um prato muito apreciado no Brasil.

O acarajé é característico do estado da Bahia.

O pão de queijo é reconhecido por ser um prato mineiro.

O tacacá é feito com a folha do pé de mandioca.

A pamonha é feita de milho. Esse é um prato muito conhecido em todo o país.

A moqueca de peixe é tradição de muitos estados, principalmente no Espírito Santo.

Como você aprendeu, o Brasil é um país de muita diversidade. Somos um país de vários ritmos e muitas danças. Nossas brincadeiras são divertidas e variadas. A culinária também faz parte da nossa cultura.

Todas essas características compõem a imensa riqueza cultural do Brasil.

> VALORIZE E APRENDA MAIS SOBRE A CULTURA BRASILEIRA!

Atividades

1. Tente adivinhar qual é o prato popular no Brasil. Veja as dicas e responda.

grão	branco	cozido	
marrom	preto	caldo	

2. Escolha um prato típico do Brasil e faça uma pesquisa sobre ele. Nas linhas abaixo, escreva a receita dessa comida.

_____
_____
_____
_____
_____
_____
_____
_____
_____
_____
_____
_____

Ao estudar o tema **A diversidade cultural brasileira**, que descobertas você fez?

Um país com tantos ritmos, danças, sabores e tamanha diversidade – esse é o Brasil.

Uma das manifestações culturais mais características do povo brasileiro é sua arte, que pode ser demonstrada, dentre tantas maneiras, por meio do artesanato.

Veja as imagens que retratam alguns artesanatos feitos no Brasil.

Cesto de palha. Esse artesanato faz parte, principalmente, da cultura indígena.

Com argila, artesãos brasileiros produzem bibelôs característicos da cultura brasileira.

A renda de bilro é feita manualmente com ajuda dos bilros, que são essas peças de madeira.

As carrancas são esculturas de madeira e têm origem folclórica. São características do Amazonas.

A pintura também é uma expressão de arte realizada no Brasil. Retorne às páginas 160 e 161, e observe a obra de um pintor brasileiro chamado Militão dos Santos, que retrata a cultura do nosso país.

Agora é sua vez de ser um artista. No quadro abaixo, faça uma pintura que represente a diversidade cultural brasileira. Capriche!

Referências bibliográficas

ALMEIDA, R. D. **Do desenho ao mapa**: iniciação cartográfica na escola. São Paulo: Contexto, 2010.

ALMEIDA, R. D.; PASSINI, E. Y. **O espaço geográfico**: ensino e representação. São Paulo: Contexto, 2008.

BRASIL. Ministério da Educação. **Diretrizes curriculares nacionais gerais para educação básica**. Brasília, DF: Câmara de Educação Básica do Conselho Nacional de Educação, 2010.

BRASIL. Ministério da Educação. **Integração das tecnologias na educação**. Brasília, DF: MEC/SEED, 2005.

BRASIL. Ministério da Educação. **Pacto nacional pela alfabetização na idade certa**. Brasília, DF: MEC/SEB, 2012.

BRASIL. Ministério da Educação. **Pacto nacional pela alfabetização na idade certa**: currículo no ciclo de alfabetização: perspectiva para uma educação do campo. Brasília, DF: MEC/SEB, 2012.

BRASIL. Ministério da Educação. **Parâmetros curriculares nacionais**: apresentação dos temas transversais: ética. Brasília, DF: MEC/SEF, 2000. v. 8.

BRASIL. Ministério da Educação. **Parâmetros curriculares nacionais**: história e geografia. Brasília, DF: MEC/SEF, 2000. v. 5.

BRASIL. Ministério da Educação. **Parâmetros curriculares nacionais**: pluralidade cultural e orientação sexual. Brasília, DF: MEC/SEF, 2000. v. 10.

CASTELLAR, S. (Org.). **Educação geográfica**: teorias e práticas docentes. São Paulo: Contexto, 2010.

CASTRO, I. E.; CORREA, Roberto L.; COSTA, Paulo C. da. (Org.). **Geografia**: conceitos e temas. Rio de Janeiro: Bertrand Brasil, 2005.

CAVALCANTI, L. S. **Formação do professor**: concepções e práticas em geografia. Goiânia: Vieira, 2006.

CAVALCANTI, L. S. **Geografia e práticas de ensino**. Goiânia: Alternativa, 2007.

COLL, C. **Aprendizagem escolar e construção do conhecimento**. Porto Alegre: Artes Médicas, 1994.

COLL, C. **O construtivismo na sala de aula**. São Paulo: Ática, 2006.

COLL, C.; TEBEROSKY, A. **Aprendendo história e geografia**: conteúdos essenciais para o ensino fundamental de 1ª a 4ª série. São Paulo: Ática, 2000.

CORRÊA, R. L. **Região e organização espacial**. São Paulo: Ática, 2002.

DAMIANI, A. L. O lugar e a produção do cotidiano. In: ENCONTRO INTERNACIONAL LUGAR, FORMAÇÃO SOCIOESPACIAL, MUNDO, 1994, São Paulo. **Anais...** São Paulo: Associação Nacional de Pesquisa e Pós-graduação em Geografia, 1994. Mesa-redonda.

DOLLFUS, O. **O espaço geográfico**. São Paulo: Difel, 1982.

ESTEBAN, M. T. (Org.). **Avaliação**: uma prática em busca de novos sentidos. Rio de Janeiro: DP&A, 2008.

FLORENZANO, T. G. (Org.). **Geomorfologia**: conceitos e tecnologias atuais. São Paulo: Oficina de Textos, 2008.

GIOVANNI, A. C. C. **A Geografia em sala de aula**. São Paulo: Contexto, 1999.

GIOVANNI, A. C. C. (Org.). **Ensino de geografia**: práticas e textualizações no cotidiano. Porto Alegre: Mediação, 2002.

HANNOUN, H. **El niño conquista el medio**. Buenos Aires: Kapelusz, 1977.

MACHADO, L. M. C. P.; OLIVEIRA, L. (Org.). **Cadernos paisagem**. In: ENCONTRO INTERDISCIPLINAR SOBRE O ESTUDO DA PAISAGEM, 3. Rio Claro: Unesp, 1998.

MORAES, A. C. R. **Território e história do Brasil**. São Paulo: Annablume, 2005.

OLIVEIRA, C. **Curso de cartografia moderna**. 2. ed. Rio de Janeiro: IBGE, 1993.

PASSINI, E. **Alfabetização cartográfica e o livro didático**: uma análise crítica. Belo Horizonte: Lê, 1994.

PASSINI, E.; ALMEIDA, R. D. **O espaço geográfico**: ensino e representação. São Paulo: Contexto, 2010.

PIAGET, J. **A construção do real na criança**. São Paulo: Ática, 2003.

SANTOS, M. **A natureza do espaço**: técnica e tempo, razão e emoção. São Paulo: Edusp, 2008.

SANTOS, M. **Espaço e método**. São Paulo: Edusp, 2008.

SANTOS, M. **Metamorfoses do espaço habitado**. São Paulo: Edusp, 2008.

SAQUET, M. A. **Abordagens e concepções de território**. São Paulo: Expressão Popular, 2010.

SILVA, A. C. **O espaço fora do lugar**. São Paulo: Hucitec, 2011.

SIMIELLI, M. E. **Primeiros mapas**: como entender e construir. São Paulo: Ática, 2012.

ZABALA, A. **Como trabalhar os conteúdos procedimentais em aula**. Porto Alegre: Artmed, 2007.

JOGOS E BRINCADEIRAS

Você gosta de brincar? Claro que sim!

Aqui você encontra alguns encartes para destacar e brincar. Com eles você verá que pode aprender Geografia se divertindo!

Então, vamos nos divertir?

É só aguardar as instruções do professor e mãos à obra!

Sumário

O BRASIL E SUAS REGIÕES 179

O território brasileiro

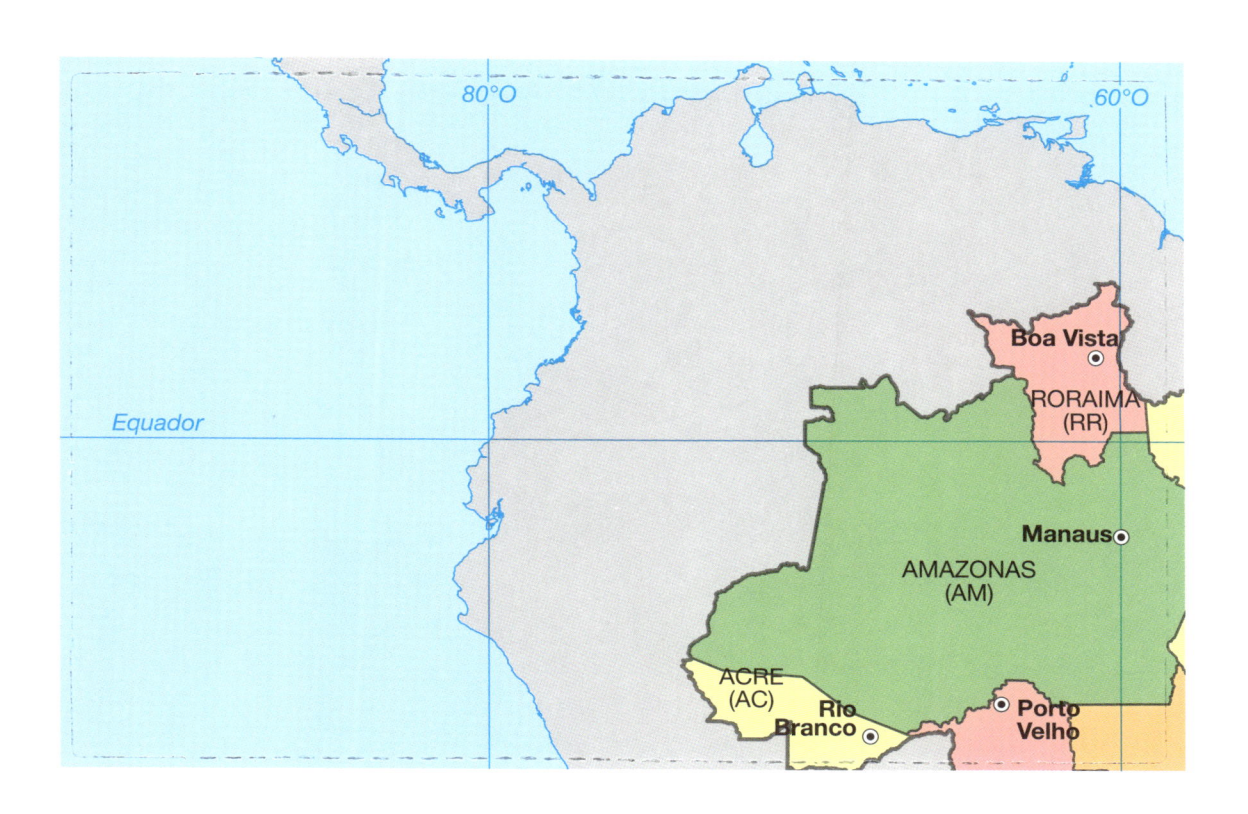

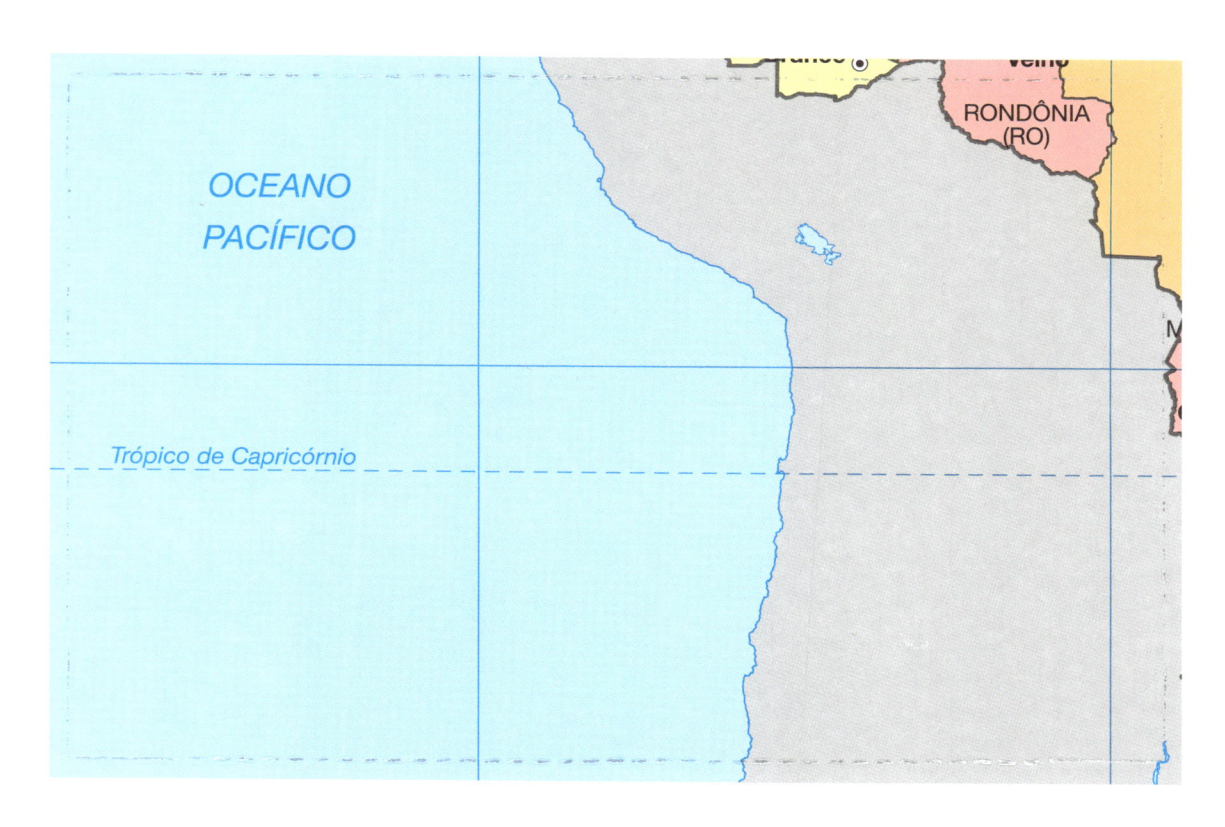

OCEANO PACÍFICO

Trópico de Capricórnio

RONDÔNIA (RO)

Maceió
SERGIPE (SE)
Aracaju
TOCANTINS (TO)
BAHIA (BA)
Salvador
MATO GROSSO (MT)
DISTRITO FEDERAL (DF)
Cuiabá
Brasília
Goiânia
GOIÁS (GO)
MINAS GERAIS (MG)
MATO GROSSO DO SUL (MS)
ESPÍRITO SANTO (ES)
Campo Grande
Belo Horizonte
Vitória
20°S
SÃO PAULO (SP)
RIO DE JANEIRO (RJ)
Rio de Janeiro
São Paulo
PARANÁ (PR)
Curitiba
SANTA CATARINA (SC)
Florianópolis
OCEANO ATLÂNTICO
RIO GRANDE DO SUL (RS)
Porto Alegre

181

- 40°S

- ⊙ Capital de estado
- ■ Capital do Brasil
- —— Limite de estado
- —— Limite do território brasileiro

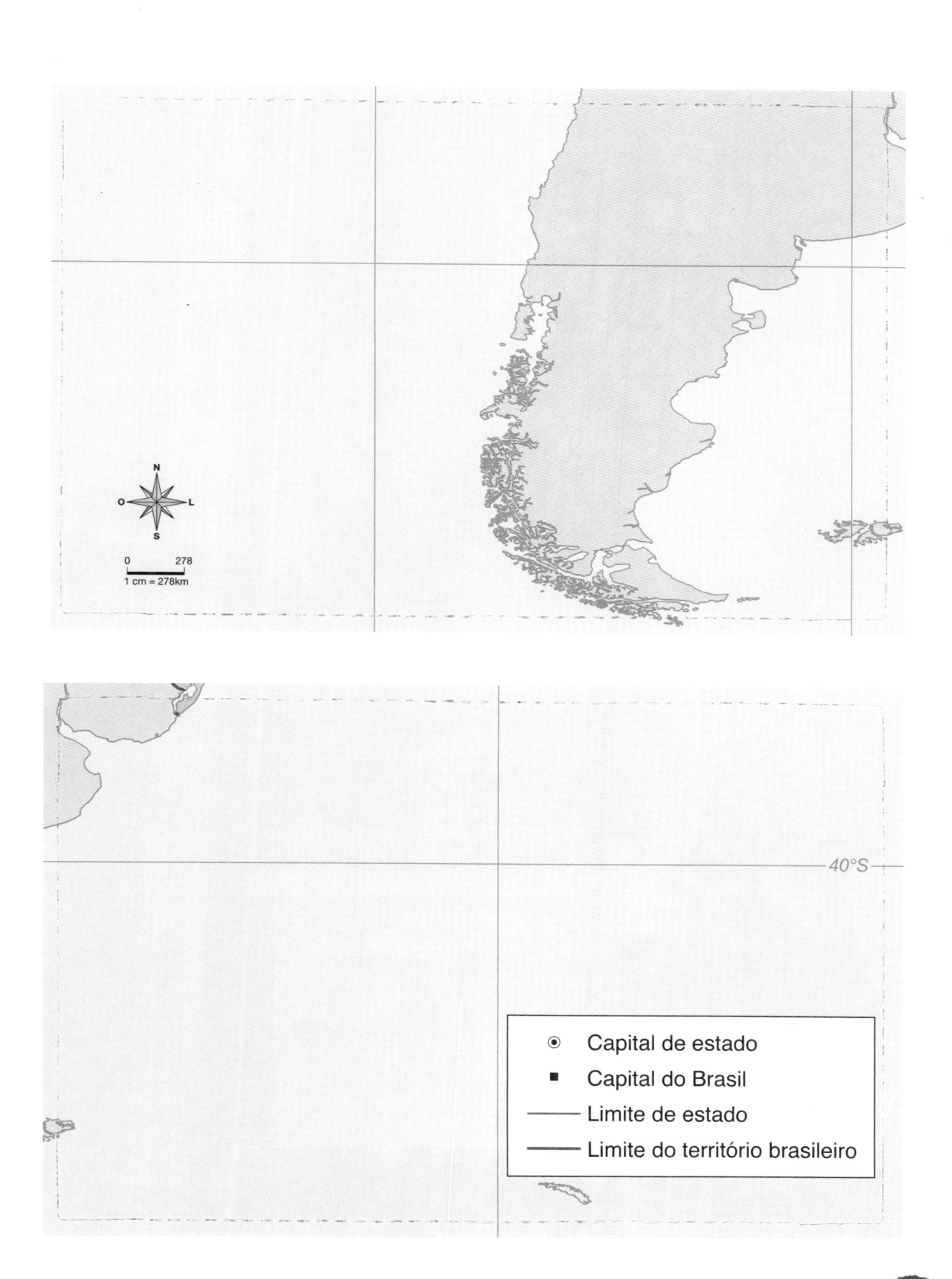

1 cm = 278km
0 — 278